考える道徳を創る

小学校
新モラルジレンマ教材と授業展開

荒木紀幸 編著

明治図書

はじめに

　平成27（2015）年３月，学習指導要領の一部改正があり，「特別の教科　道徳」，道徳科が誕生した。これにより，主人公の気持ちを考える道徳，「心情重視」の道徳から，「考える・議論する」道徳への質的な変換，つまり「移行」「改善」が図られることとなった。

　「心のノート」は全面改訂され，「私たちの道徳」（2014）として全国の小・中学生に配布。「活用のための指導資料，文科省」に従って，「読み物資料」の「ねらい」を分析したが，小・中学校ともに「態度の育成」に集中し，「道徳的心情」は10％未満，「判断」に至っては皆無。

　私たちは，この「私たちの道徳」を「考える道徳」として活用できるように，明治図書から，『考える道徳を創る－「私たちの道徳」教材別ワークシート集　小学校編，中学校編』を昨年，出版した。私たちが用意した108の授業モデルについて，「ねらい」の構成（「判断」「心情」「意欲」「態度」）比率を調べた（小学校低学年でその構成比は14％対22％対36％対28％，中学年で23％対20％対27％対30％，高学年で，25％対29％対31％対15％，中学校で43％対23％対16％対18％）。道徳性の構成要素の中で「考える道徳」と最も関係の深い「ねらい」は「道徳的判断の育成」である。この調査（2016）から明らかになったことは，ワークシート等の工夫如何で判断重視の授業モデルが作れることである。その特徴は道徳的な価値について多様な視点から批判的，創造的に考え，討論を可能にするもので，主体的「判断」を求めるものである。

　しかしながら，「私たちの道徳」を教材として「考える・議論する道徳」を実践することは難しいと言わざるを得ない。「私たちの道徳」に出てくる「読み物教材」は１つの正しい結末が示されたクローズエンドの物語であり，そこでは多様な思考や批判的思考を行うことが制限される。多様な道徳的価値を扱い，自由で創造的な道徳的思考を可能とする道徳的な教材が必要なのである。佐藤清文（2010，2012）や藤田英典（2014）たちはコールバーグの開発したオープンエンドの討論型授業が盛り込まれていない新しい道徳授業をいち早く批判している。

　私たちはモラルジレンマ授業を，コールバーグ理論に立って「モラルジレンマ（道徳的な価値葛藤）を集団討議によって解決していく過程を通して，児童生徒一人ひとりの道徳的判断力を育成し，道徳性をより高い発達段階に高めることをねらいとした授業」と定義して実践研究を1983年頃から始め，その成果と効果を報告した（例えば，ブラッド（Blatt）効果，$\frac{1}{3}$段階の道徳性の発達的上昇，$\frac{2}{5}$段階の役割取得能力の発達的上昇など。荒木，2015）。また，この授業の「理論と実践」書を各種出版し，普及と啓蒙に努めてきた。殆どが重版されているが，多いものに明治図書の『モラルジレンマ資料と授業展開』小学校編（1990年初版の27版）がある。これまで開発したモラルジレンマ教材は小学校で124本，中学校で74本に上る。

　今回の『新モラルジレンマ教材と授業展開』は『モラルジレンマ資料と授業展開』の第３集に当たる。この小学校編は小学１～２年，小学３～４年，小学５～６年と３区分をつけて編集

した。小学生を対象としたモラルジレンマ教材であるが，高学年対象の教材の多くは中学生や高校生まで幅広く活用でき，また中学年教材で3〜6年生と区分したものは3・4年生と5・6年生で道徳的な見方が違うことを実感できる教材でもある。いずれもこのような学年上の区分は道徳性の発達を基本軸に教材が構成されていることによる。教材作成においては道徳的価値における不易を大切にしなければならない。今回，時を経ても色あせないモラルジレンマ教材，「お母さんとすてねこ」や「ぜったいひみつ」等を取り入れた。また教材は社会の変化や時代の流行に応じなければならない。子どもたちには新しい時代，道徳の教科化に合わせた新しいモラルジレンマ教材が必要である。今回の出版はまさにそのことを反映している。

　今回の企画について日本道徳性発達実践学会や道徳性発達研究会の仲間に呼びかけたところ，教職科目「道徳教育の指導法」などを担当されている多くの先生方のご協力を得ることができた。このため，これまでとは一味違うおもしろい発想の中で創作されたモラルジレンマ物語がいくつも誕生した。社会科や理科など他教科との連携を意識した教材もある。一方で，子どもたちが学校で遭遇する問題の解決を目指したものやこの時期だからこそ必要な経験だとの教育意図で開発したものがある。それらの中にあって異色なのが「氷上のＦ１　ボブスレー」である。この主人公，桧野真奈美さんは中学時代はスピードスケート，高校では陸上競技で活躍されたが，右膝靱帯を断裂し選手生命を断たれた。短大でボブスレー選手発掘テストに合格，パイロットの訓練を受け，日本女子初の五輪代表となる。その後再び右膝靱帯を断裂し，数度の手術と長期リハビリを経て復帰，現在も活躍中である。この女性アスリートの生き様に感動した執筆者楜澤氏が，人生の岐路に立たされた桧野さんがどのように決断したかを，直接本人に取材し，また，授業にも立ち会ってもらいながら，実践を繰り返して教材として完成させた。

　「問題解決を単なる二項対立の図式にして，『あれかこれか』を選ばせるだけだと，モラルジレンマのような授業になってしまい，道徳的価値が混乱して望ましくない」と述べるモラルジレンマ授業批判（柳沼，2015）を目にしたが，モラルジレンマ授業の本質を見ていない極めて残念な発言である。私たちは，モラルジレンマ授業を続けることが，道徳性を発達させるだけでなく，児童生徒の道徳的感受性を高め，民主主義に立って行われる討論授業がお互いの人格を尊重する自尊感情を育て，道徳好きな子どもを生み，学校生活を生き生きと充実させることを実践的に，実証的に明らかにしてきた（荒木，1997，荒木他，2011）。

　本書の編集に当たって堀田泰永氏に助けていただいた。また執筆者の先生とは何度も連絡を取り合いながら教材の完成となった。執筆いただいた16名の先生方にはいろいろな形でご苦労をお掛けしました。皆さまにここに厚くお礼申し上げる。最後になったが，明治図書編集の茅野現さんには，新しいモラルジレンマ教材の開発が「特別の教科　道徳」では何より必要だと訴えられて，出版を強く後押しして下さった。感謝し，お礼申し上げる。

2016年9月10日 　　　　　　　　　　　　　　　　　　　　　　　　　荒木　紀幸

目　次

●はじめに　*2*

第1章　モラルジレンマ教材で「考える道徳・議論する道徳」を

1　「道徳教育カリキュラムの改善に関する研究」とモラルジレンマ授業 ………… *8*
　❶　道徳性の発達という視点・*8*
　❷　モラルジレンマ授業の方法・*9*

2　「特別の教科　道徳」とモラルジレンマ授業 …………………………………… *9*

3　モラルジレンマ教材について …………………………………………………… *10*

4　モラルジレンマ授業の授業過程 ………………………………………………… *11*
　❶　モラルジレンマ授業の基本型・*12*
　❷　モラルジレンマ授業における発問計画・*12*
　❸　役割取得の機会と動作化・*12*
　❹　モラルジレンマ授業における教師の役割・*13*
　❺　モラルジレンマ授業の終わり方はオープンエンド方式で価値の一般化を行わない・*13*

5　3水準6段階の道徳性の発達段階 ……………………………………………… *14*
　❶　3水準6段階の道徳性の発達・*14*
　❷　水平的発達と垂直的発達・*15*
　❸　道徳性の発達段階と教育のまとめ・*15*

第2章　新モラルジレンマ教材と授業展開

小学1〜2年

①　**生きものをかおう**（D−⒄生命の尊さ，A−⑸努力と強い意志）……………………… *18*

②　**おたんじょうかい，だれをよぼうかな**（C−⒀家族愛，B−⑼友情，C−⑾公正公平）………… *24*

③　**とうもろこしができた**（C−⑾公正公平，社会正義）…………………………………… *30*

④　**どんぐりはだれのもの？**（C−⒀家族愛，B−⑹思いやり）…………………………… *36*

⑤　**ばったとり**（B−⑼友情・信頼，C−⑽規則の尊重）…………………………………… *42*

⑥　**犬とてつぼうと**（D−⒅動物愛護，A−⑴責任感）……………………………………… *48*

⑦　だれとペアに？ (B−⑹親切，思いやり) ·· 54

小学3〜4年

①　おかあさんとすてねこ (C−⒁家族愛・家庭生活の充実，D−⒅自然愛護) ··········· 60
②　ルールはルールだよ (C−⑿公正・正義，B−⑹親切・思いやり，C−⑾規則の尊重，B−⑼友情・信頼) ··· 66
③　決まりはないけれど (C−⑾規則の尊重，C−⒂よりよい学校生活，集団生活の充実) ········· 72
④　図書当番の仕事 (B−⑹親切，思いやり，C−⑾規則の尊重) ································ 78
⑤　ガーベラの折り紙 (A−⑵誠実，正直，B−⑹思いやり，D−㉒よりよく生きる喜び) ··········· 84
⑥　「継ぎ獅子」とサトシの思い (C−⒃伝統と文化の尊重，国や郷土を愛する態度，A−⑷個性の伸長) ······ 90
⑦　ぜったいひみつ (B−⑼友情・信頼，A−⑵誠実，C−⑾規則の尊重) ························· 96

小学5〜6年

①　氷上のＦ１　ボブスレー (B−⑻感謝，D−㉒よりよく生きる喜び，A−⑸希望と勇気，努力と強い意志) ··· 102
②　メダカとカダヤシ (C−⑿規則の尊重，D−⑲生命の尊さ) ································· 108
③　仲直り (B−⑽友情，信頼) ··· 114
④　どうする？「あかつき」チーム (A−⒃真理の探究，C−⒁勤労，C−⒁公共の精神) ········· 120
⑤　ニホンザルを守るということ (D−⑲生命の尊さ，D−⒇自然愛護) ························· 126
⑥　ソメイヨシノとむかえる春 (C−⒄伝統と文化の尊重，D−⒇自然愛護) ··················· 132
⑦　ぼくにまかせて (C−⒃役割の自覚と社会的責任) ·· 138
⑧　友香のために (B−⑽友情，信頼，C−⑿規則の尊重) ·· 144

目　次 ｜ 5

モラルジレンマ教材の作者と内容項目の内訳

教材題名	ジレンマの型	判断の内容	中心的な内容項目（道徳的価値内容）	作者	挿絵
（小学1～2年生）					
① 生きものをかおう	タイプⅠ	生きものをにがすように言うべき / 生きものをかうように言うべき	D－(17)生命の尊さ　A－(5)努力と強い意志	堀田泰永	
② おたんじょうかい，だれをよぼうかな	タイプⅠ	しょうたいじょうをくまくんにわたす / しょうたいじょうをりすくんにわたす	C－(13)家族愛，B－(9)友情，C－(11)公正公平	榊原博美	榊原博美
③ とうもろこしができた	タイプⅠ	・うさぎさんとぞうさん　・子ねずみたちに2つ / ・ぞうさんと子ねずみ　・うさぎさんと子ねずみ	C－(11)公正公平，社会正義	堀田泰永	
④ どんぐりはだれのもの？	タイプⅠ	りすのアーサーのもの / 野ねずみのヘンリーのもの	C－(13)家族愛，B－(6)思いやり	藤澤　文 府川汐莉	府川汐莉
⑤ ばったとり	タイプⅡ	クローバーの草むらでばったをつかまえる / 前の場所にもどってばったをつかまえる	B－(9)友情・信頼 / C－(10)規則の尊重	岡田達也	
⑥ 犬とてつぼうと	タイプⅡ	ポチの世話をする / 先生とてつぼうをする	D－(18)動物愛護 / A－(1)責任感	榊原博美	榊原博美
⑦ だれとペアに？	タイプⅠ	みほさんとペアになるべき / あきさんとペアになるべき	B－(6)親切，思いやり	楜澤　実	
（小学3～4年生）					
① おかあさんとすてねこ	タイプⅡ	連れて帰るべき / 連れて帰るべきでない	C－(14)家族愛・家庭生活の充実 / D－(18)自然愛護	大島貴子	
② ルールはルールだよ	タイプⅡ	ルールを変えて交代すべきだ / 同じルールでするべきだ	C－(12)公正・正義，B－(6)親切・思いやり / C－(11)規則の尊重，B－(9)友情・信頼	植田和也	
③ 決まりはないけれど	タイプⅡ	3人で同じチームになると言うべき / 3人で同じチームにならないと言うべき	C－(11)規則の尊重 / C－(15)よりよい学校生活，集団生活の充実	堀田泰永	
④ 図書当番の仕事	タイプⅡ	さとし君に本を貸すべき / さとし君に本を貸すべきでない	B－(6)親切，思いやり / C－(11)規則の尊重	上田仁紀	上田仁紀
⑤ ガーベラの折り紙	タイプⅡ	まりに失敗作だと言うべき / まりに失敗作だと言うべきではない	A－(2)誠実，正直 / B－(6)思いやり，D－(22)よりよく生きる喜び	寺井朋子	
⑥ 「継ぎ獅子」とサトシの思い	タイプⅡ	獅子を続けるべき / 獅子を続けるべきでない	C－(16)伝統と文化の尊重，国や郷土を愛する態度 / A－(4)個性の伸長	村上正樹	
⑦ ぜったいひみつ	タイプⅠ	お別れ会のことを言うべき / お別れ会のことを言うべきでない	B－(9)友情・信頼　A－(2)誠実　C－(11)規則の尊重	畑　耕二	
（小学5～6年生）					
① 氷上のF1　ボブスレー	タイプⅡ	現役を退くべき / 現役を続けるべき	B－(8)感謝，D－(22)よりよく生きる喜び / A－(5)希望と勇気，努力と強い意志	楜澤　実	
② メダカとカダヤシ	タイプⅡ	カダヤシを駆除すべき / カダヤシを駆除すべきでない	C－(12)規則の尊重 / D－(19)生命の尊さ	峯　明秀	
③ 仲直り	タイプⅠ	映画に行くと言うべき / 映画に行かないと言うべき	B－(10)友情，信頼	堀田泰永	
④ どうする？「あかつき」チーム	タイプⅡ	再チャレンジを目指すべき / 再チャレンジをあきらめるべき	A－(6)真理の探究 / C－(14)勤労，C－(14)公共の精神	森川智之	
⑤ ニホンザルを守るということ	タイプⅡ	タイワンザルの防除に賛成すべき / タイワンザルの防除に賛成すべきでない	D－(19)生命の尊さ / D－(20)自然愛護	金野誠志	
⑥ ソメイヨシノとむかえる春	タイプⅡ	ソメイヨシノを守るべき / ソメイヨシノを守るべきではない	C－(17)伝統と文化の尊重 / D－(20)自然愛護	金野誠志	
⑦ ぼくにまかせて	タイプⅠ	残ってリレーの練習をするべき / 帰って妹の世話をするべき	C－(16)役割の自覚と社会的責任	岡田達也	
⑧ 友香のために	タイプⅡ	送信すべき / 送信すべきでない	B－(10)友情，信頼 / C－(12)規則の尊重	清水顕人 植田和也	

第1章

モラルジレンマ教材で
「考える道徳・議論する道徳」を

1 「道徳教育カリキュラムの改善に関する研究」とモラルジレンマ授業

　国立教育研究所の西野真由美が代表となった５カ年計画研究（1993〜97年），「道徳教育カリキュラムの改善に関する研究」（1997a）と広報「国立教育研究所広報108号（1997b）」の中でモラルジレンマ授業は今後の道徳教育の改善に大きく貢献する授業として取り上げられている。

　広報108号で西野は，道徳教育に携わる教師への質問紙調査に基づいて，現行カリキュラムの問題点を把握し，道徳カリキュラムの改善課題を明らかにし，新しいカリキュラム開発の方策を提起すると述べる。８都県の協力校，小学校607名，中学校877名の教師の回答（1994〜95年収集）に基づいて現行の道徳授業の特徴や問題点を分析し，次のように結果を報告している。

　授業を行う教師の７割以上が「授業のマンネリ化」や「道徳の授業展開のパターン化」を指摘し，その最も支持，実践されている授業パターンは，小中学校ともに，身近な題材を扱った読み物教材を使って子どもの心に感動を与える授業という。この一方で，教師の多くは多様な価値観を含む教材を望ましいと考え，子どもに自分の意見や考えを持たせたいと願っている。しかし，現状はモラルジレンマやオープンエンド教材を使って子ども自身に考えさせる授業方法は一般的でなく，ディスカッションや新聞記事など物語教材以外の教材を活用した授業も殆ど行われていない。子どもが楽しみにする道徳授業をキーコンセプトとしてあげている。

　また「道徳教育カリキュラムの改善に関する研究（報告）」は，Ⅰ道徳教育の目標，Ⅱ道徳教育の内容，Ⅲ道徳教育の方法，Ⅳ道徳教育の評価，Ⅴ学校に基礎を置くカリキュラム開発，で構成され，Ⅳの「カリキュラム改善の課題」の中で，「道徳性の発達という視点」「モラルジレンマ授業の方法」をカリキュラム開発に役立つと以下のように述べている（西野，1997b）。

❶　道徳性の発達という視点

　道徳教育の評価は，道徳教育の目標である道徳性の育成をどう捉えるかという視点と不可分に結びついている。道徳性の発達から私たちが学びうることは，１．発達段階は飛び越えないで必ず順番に発達すること，すなわち，それぞれの段階を確実に身につけることで次の段階への発達が可能になる，２．道徳性の発達は他律から自律への過程であること，すなわち判断の主体が外部にある段階から自己自身が判断の主体になる過程，３．役割取得の観点からすれば，道徳性の発達とは，自己自身→身近な他者→社会→普遍的な人間一般へと，より普遍的抽象的な役割取得ができるようになること，４．道徳性の発達には様々な要因があり，発達のメカニズムは単純でないこと，５．発達を促進するためには，現段階のものの見方考え方では解決できないジレンマに出合わせ，より高い段階の解決方法に出合わせること，等の方法である。

❷ モラルジレンマ授業の方法

　荒木紀幸らは，コールバーグの道徳性発達理論の応用としての「ジレンマ教材」による日本版道徳授業を提案している（1996，明治図書他）。この授業方法のねらいは，道徳的ジレンマについて子どもたちによる「話し合いそのもの」であり，特定の道徳的価値を内面化しようとするものでない。授業におけるジレンマの話し合いにおいて，子どもは多様な考えに出合うことで自己の道徳的思考の形式の発達が促進されるとする。授業は，2つ以上の道徳的価値が互いに対立する内容を含んだ「ジレンマ教材」を使い，最終的に主人公が何をするべきかは未決定のままで終わる「オープン・エンド」方式をとる。授業での道徳的ジレンマをめぐる話し合いをはさんだ前後に，ジレンマの解決方法とその理由を記録し，それを教師が確認することで，授業が子どもにどのような影響を及ぼしたかを測定することができるとする。そのためには，子どもの反応を分析して発達段階を評定するための，教材ごとの反応分析表が必要である。

2　「特別の教科　道徳」とモラルジレンマ授業

　「特別の教科　道徳」の誕生により，「道徳の時間」では21世紀に見合った新しい道徳授業法の展開が求められている。道徳教育の指導法の改善について「道徳教育の充実に関する懇談会」の報告（2013）で特に強調されたことは，

　　1）児童の発達段階をより重視した指導方法を確立し普及することであり，それには多角的・批判的に考えさせたり，議論・討論させたりする授業の活用，

　　2）道徳的実践力を育成するために，ロールプレイやコミュニケーションに係わる具体的な動作や所作の在り方に関する学習や問題解決的な学習を一層積極的に活用，である。

　この新しい道徳の指導法を従来の指導法と区別するために，私たちはこれを「考える道徳，問題解決の道徳」と呼び，その典型の1つが「モラルジレンマ授業」と考えている。それはコールバーグ博士（1927-1987）による道徳性認知発達論に依拠した授業方法であり，「1主題2時間授業」と呼ばれたり，兵庫教育大学方式の授業と呼ばれることがある。1982年頃から，モラルジレンマ授業を「モラルジレンマ（道徳的な価値葛藤）を集団討議によって解決していく過程を通して，児童・生徒一人ひとりの道徳的判断力を育成し，道徳性をより高い発達段階に高めることをねらいとした授業」と定義して実践研究を続けてきた（荒木，2015）。この30年近くにわたるモラルジレンマ授業研究の成果については，「はじめに」で述べた通りである（荒木，2015）。

　コールバーグ理論では，子どもたちの道徳性を発達させるために認知的不均衡（価値葛藤）の状態に置き，その均衡化（問題の解決を図る）へ向けた一連の認知活動を取らせる。これがモラルジレンマを中核に据えた授業の誕生となった。今回の「考え・議論する」道徳科への質的変換に向けて，最近文科省が公表した「教育課程企画特別部会，論点整理」（2015年11月）では今後の学校教育における道徳教育の在り方が描かれている。次はその一部の引用である。

「学校における道徳教育は，自己の生き方を考え，主体的な判断の下に行動し，自立した一人の人間として他者とともによりよく生きるための基盤となる道徳性を養うことを目標とする教育活動であり，『どのように社会・世界と関わり，よりよい人生を送るか』の根幹となるものである。このような資質・能力の育成を目指す道徳教育においては，既に学習指導要領が一部改訂され，小学校では平成30年度から，『特別の教科　道徳』（道徳科）が実施されることとなっている。『論点整理』が目指す『これからの時代に求められる資質・能力の育成』や，『アクティブ・ラーニング』の視点からの学習・指導方法の改善を先取りし，『考え，議論する』道徳科への転換により児童の道徳性を育むものであり，道徳的諸価値についての理解を基に，自己を見つめ，物事を多面的・多角的に考え，自己の生き方や他者との関わりについても考えを深める学習を通して，道徳的判断力，道徳的心情や実践意欲と態度を育てるものである。

　道徳の特別教科化は，これまで軽視されがちだったと指摘される従来の道徳の時間を検定教科書の導入等により着実に行われるように実質化するとともに，その質的転換を図ることを目的としている。特に，『考え，議論する』道徳科への質的転換については，子供たちに道徳的な実践への安易な決意表明を迫るような指導を避ける余り道徳の時間を内面的資質の育成に完結させ，その結果，実際の教室における指導が読み物教材の登場人物の心情理解のみに偏り，『あなたならどのように考え，行動・実践するか』を子供たちに真正面から問うことを避けてきた嫌いがあることを背景としている。このような言わば『読み物道徳』から脱却し，問題解決型の学習や体験的な学習などを通じて，自分ならどのように行動・実践するかを考えさせ，自分とは異なる意見と向かい合い議論する中で，道徳的価値について多面的・多角的に学び，実践へと結び付け，更に習慣化していく指導へと転換することこそ道徳の特別教科化の大きな目的である。

　義務教育においては，従来の経緯や慣性を乗り越え，道徳の特別教科化の目的である道徳教育の質的転換が全国の一つ一つの教室において確実に行われることが必要であり，そのためには，答えが１つではない，多様な見方や考え方の中で子供たちに考えさせる素材を盛り込んだ教材の充実や指導方法の改善等が不可欠である。」

このような道徳教育の質的転換に応える授業方法として，「モラルジレンマ授業」はその強力な授業モデルの，正に１つなのである。

3　モラルジレンマ教材について

　子どもたちの道徳性を発達させるためには，子どもたちを道徳的な不均衡状態，価値葛藤の状態，モラルジレンマの状態に置く必要がある。それは道徳的に見て正しさの判断が極めて曖昧で，どちらも正しいと認められる道徳的価値選択の岐路に立たされた葛藤状態をいう。その

ための教材をモラルジレンマ教材，資料と呼ぶ。それは一般に，オープンエンドの形で投げか
けた道徳的な価値葛藤の物語である。このような道徳的な不均衡な状態は，子どもたちの道徳
的な思考や感情を刺激し，道徳的な問題を解決しようとする動機づけを高め，均衡化へ向けた
努力を促す（荒木，2013；モラルジレンマ授業はなぜ子どもにも大人にも人気があるのか？）。

「モラルジレンマ物語」はその構造から大きく２つに分けられる。低学年で使われるジレン
マの多くは１つの価値について当為をめぐって生じる葛藤（タイプⅠ）を扱っている。これに
対して，タイプⅡでは２つ以上の価値の間で生じる当為をめぐる葛藤が問題にされる。どのモ
ラルジレンマ教材も認知と感情が関与しており，主人公にとってはつらい決断を迫られること
がしばしばである。本書で取り上げたモラルジレンマ教材の詳細は内訳（６頁）を参照のこと。

なおモラルジレンマ教材はスマホでもっと遊びたいし犬の散歩をしなければならないという
ように，強い心と弱い心，あるいは良い心と悪い心の葛藤といった価値・反価値の葛藤を含ま
ない。平野武夫博士が関西道徳教育研究会で実践した道徳教育「価値葛藤の場」とは異なる。

モラルジレンマ教材は既に述べられたように問題がオープンであり，答えもオープンである。
しかもどの答えも道徳的に正しい。授業で子どもたちは間違うことを気にしなくてよい。この
結果この授業では考える自由が保障される。また子ども同士でも子どもと大人でも発達段階の
違いによって正しいとする理由がそれぞれで違っている意味でもオープンである。しかも道徳
性の発達を考えると，道徳的な見方や考えが時の経過とともに質的に変わることが予想される。
この点を強調して，オープンエンド授業（授業は未来に開いている）ともいわれる。また２つ
の道徳的価値を扱ったジレンマでは，どちらかの価値を選択的に選ぶかの価値選択の問題でも
あり，なぜかを突き詰めることによって，本当に大切にしている価値が何かを明らかにしてく
れる（分化）。また，深く考えた結果がより上位の考え，２つの価値を「統合」する新しい価
値の発見へと導き，「止揚」や「中庸」といった解決につながったりする（荒木，1996）。

4　モラルジレンマ授業の授業過程

私たちは「分化」と「統合」の増大が「規範性と普遍性」の向上をもたらすというコールバ
ーグの認知発達論に基づいて授業論を展開している。「分化」の増大は他律的な道徳「である」
から自律的な道徳「べきである」に分化していくことにより，「規範性」が増大していくので
ある。「統合」の増大とはいついかなる場合にも，いかなる人に対しても「べきである」と規
定するような「普遍性」が増大することをいう。この「分化」と「統合」は，認知的諸データ
を調整し，認知構造の質的変換やより高い認知的均衡化をもたらす機能，つまり，「分化」と
「統合」の増大は認知構造の段階的発達を促すのである。このことは主体が何らかの問題に直
面した時，それをいっそう安定した仕方で解決できることを意味する。このように，構造上の
より良い均衡はより安定したより一貫した仕方で道徳的問題や葛藤を解決できる。つまり，道

徳的な問題解決能力の向上をもたらすという見解によりモラルジレンマ授業を構成している。

コールバーグはソクラテスの産婆法（問答法）や人間主義心理学を打ち立てたロジャーズの非指示カウンセリング技法（他者心理に共感）を統合した民主主義に立脚した討論や話し合い法を提案している（コールバーグとメイヤー，1972）。そこでは対話と傾聴が重視されている。

❶ モラルジレンマ授業の基本型

私たちは授業を討論による道徳的な問題解決学習と考え，授業のねらいである「道徳性の発達」を達成するために4段階の授業過程を想定している（表1．荒木，1988）。第1段階は道徳的ジレンマの共通理解である。小学1，2年生の場合，ストーリーに沿って発問しながら「お話作り」を進め，モラルジレンマに追い込む。「立ち止まり読み」という方法で，教材の読み取りを丁寧に行う。児童の思い込みや勝手な解釈を防ぎ，第1次判断をさせる。発問には，①教材についての発問，②教材と児童の生活をつなげる発問，③問題を明確化する発問がある。次の段階はジレンマに対して自己の考えを明確化する段階である。発問には，①自己の考えを明確にする発問，②他者の考えを検討させる発問がある。第3段階は授業の中核，モラルディスカッションである。先生の役割は判断をめぐって児童の議論がかみ合うように，新たな認知的不均衡が子どもの発言から出てくるようにすることである。認知的不均衡をもたらす発問として，①役割取得を促す発問，②結果を類推する発問，③認知的不均衡を促す発問がある。最後の第4段階は児童に道徳判断を求める。主人公はどうすべきか（当為）をその理由とともに回答させる。授業は3パターンあり，第1のパターンは1時間扱いの授業，第2のパターンは私たちが基本モデルと考える1主題2時間授業である（表1）。第3のパターン（1.5時間扱い）は前もって宿題や自習の形で教材読みと第1次の判断・理由づけを済ませ，1時間の討論授業を行う。

❷ モラルジレンマ授業における発問計画

問題の解決に向けて子どもたちの討論を活発にし道徳性の発達を促す「発問」を表2に示す。

❸ 役割取得の機会と動作化

小学生低学年では動作化や役割表現を取り入れることで，人の気持ちや感情の共感的理解が進む。小学校中学年以降中学生の子どもの場合には「役割取得の機会」が様々に活用できる。またロールプレイ（role-playing，役割演技や劇化）の形を取ることで，より深い人間理解ができたり，自己矛盾，新しい見方の発見につながる。エリオット先生による差別・偏見克服授業「青い目，茶色い目」（1985）では，小学3年生が間接的に差別体験（役割取得の機会）を受けるのでなく，実際に差別を体験することで，子どもたちの人種差別に対する考えは根本的に変わった。我が国では1988年にNHKで放映され，反響を呼び，繰り返し再放送されている（白石文人，1988）。

❹ モラルジレンマ授業における教師の役割

ソクラテス技法と非指示カウンセリング法を取り入れたオープンエンドのモラルジレンマ授業を行っていく上で教師に求められる基本的な態度には，次の４点がある。

① 教師自身，心理的に安定している。② 児童について，優れている，劣っているといった評価的な判断を控える。③ 児童のそのような言動を取らざるを得ない事情を認め，受容する。④ 児童の学習を助ける水先案内，補助，介添えとしての役割をはたす。

次に，児童同士が自由で活発に相互作用し，討論できる学習環境を構築するために，教師が配慮すべきことがらを以下に列挙する。

① 学級を公正と正義を重んじ，思いやりを大切にする道徳的雰囲気の場とする。② 学級は特定の個人や集団のものでなく，「私たちのもの，みんなのもの」と意識づける。③ 間違う自由を保障し，民主的でお互いの意見を自由に論じ合える学級風土にする。④ 教師は，「正しい答えはこうだ」「それは間違っている」などと自分の考えを押しつけたりしないで，一人ひとりの意見に十分に耳を傾け，ねらいに合った考えや回答だけを選択的に取り上げることをしない。児童が十分に考えて，主人公はもちろんのこと登場する様々な人のことを想像し，どうあるべきかを児童自身の責任において意思決定できるよう配慮することである。⑤ 教師の計画する話し合いに固執せず，児童の自発的な発言に耳を傾け，その流れを尊重する。

❺ モラルジレンマ授業の終わり方はオープンエンド方式で価値の一般化を行わない

オープンエンド方式は答えのないまま終わってしまうので，何を学んだのかを曖昧にする，教えた気がしないとの批判がある。モラルジレンマ授業の本質と授業過程をしっかり理解してほしい。前段の「教師の役割」に示すように，価値の押しつけを避け，子どもたちの主体性を尊重する授業過程（最低３回の子どもの主体的判断や討論）は，子どもたちが当面する道徳的諸価値に配慮しながら自己の責任においてしっかり考えて最終の判断・理由づけを書くことを保証するもので，資料と自分との関わり，自分の生活での気づきや生き方への反省を伴っている。

表１ 基本授業モデル（１主題２時間の授業過程，1988）

(a) 授業過程の基本型（第１次）

配 時	指 導 過 程	内 容
10〜35分	モラルジレンマの提示（立ち止まり読み）	主人公のおかれた状況を読み取り，モラルジレンマ（道徳的葛藤）に直面する。
	状況の共通理解と道徳的葛藤の明確化	読み取りの誤りを修正し，道徳的価値の生起する状況を共通理解する。主人公に役割取得し，道徳的葛藤を明確に把握する。小集団討議（ペアトーク）を活用する。
10〜25分	主体的な価値選択（第1回の判断・理由づけ）	道徳的葛藤の場面で主人公はどうすべきか（当為）を判断し，その理由をカードに書く。

２次の授業の準備

○１回目の判断・理由づけカードの内容を整理し，第２次で用いる書き込みカードを作成する。
○書き込みカードの「理由」部分を拡大したものを黒板掲示用に作成する。
○１回目の判断・理由づけから，論点になりそうな部分を予想し，発問を準備する。

(b) 授業過程の基本型（第2次）

配時	指 導 過 程	内　　　容
5〜10分	道徳的葛藤の再確認	第2次のはじめとして，状況把握の共通理解をする中で葛藤状況を再確認し，道徳的葛藤を明確に把握する。
7〜10分	自己の価値選択の再確認と他者の価値選択の検討	学級全員の理由づけを分類した<u>カードに自分の意見を書き込む</u>ことにより，自分とは違う他者の考え方に気づく。
7〜15分	自己と他者の考え方の相互批判・吟味（ディスカッション1）	各自の書き込みを基にして，いろいろな立場の理由づけに相互に意見を述べ合い，意見の対立点（論点）を明らかにしていく。学級集団または，小集団討議（ペアトーク）を活用する。
10〜15分	自己と他者の考え方の相互の練り合わせ（ディスカッション2）	最終的な判断・理由づけを各自が導き出すために論点についての討議を深め，個人の自立性をそこなわずに，相手に示唆を与えながら，自分の考えを確かなものにしていく。学級集団または，小集団（ペアトーク）討議を活用する。
5〜8分	主体的な価値選択（第2回の判断・理由づけ）	道徳的葛藤の場面で主人公はどうすべきか（当為）を再度判断し，<u>自分の最も納得する理由をカードに書く</u>。

表2　モラルジレンマ「とうもろこしができた」「お母さんとすてねこ」の発問計画

発問の型	発問の例
役割取得を促す発問（Y） 主人公，登場人物，人一般，国の立場で問題を見つめ直すことで，新たなジレンマを生むことがある。	・役割表現により，それぞれの立場に立たせ，ねずみさんの内面を考えさせる。 ・もしお母さんが弱った子猫を見たら，どう言うだろうか。
結果を類推する発問（K） このことにより，考えの不十分な点や欠点に気づく機会となる。	・子ねずみに2つともあげたら，ぞうやうさぎはどう思うだろう。 ・もし子猫を連れて帰らなかったら，子猫はどうなるだろう。
認知的不均衡を促す発問（N） 主張と矛盾することを突きつけその時点での問題点や思考の限界に気づかせより高い段階の考えに導く。	・約束は，こんな時もどうしても守らないといけないの。 ・つとむ君はジョンの世話もできないのに，子猫の世話ができるのだろうか。
道徳判断を求める発問（H） 主人公はどうすべきか（当為）判断し理由を書かせる。あなたならどうする，もし自分だったらで判断させない。	・とうもろこしを誰にあげたらいいのだろう。 ・つとむ君はどうすべきだろうか。 ・つとむ君はどうするのがいちばんいいですか。

5　3水準6段階の道徳性の発達段階

❶　3水準6段階の道徳性の発達

　コールバーグ（1958，1969）は道徳性の発達を，道徳的な判断や推論，道徳的な認識（見方，考え方，原理）の変化と捉える。同じ行為であっても，なぜそれが正しいのか，良いことなのかについて，その理由を道徳性の発達という枠組みで分析すると質的に異なるというのである。道徳性は3水準6段階の発達を示す（図

年齢	認知能力	道徳性の発達		役割取得能力
		水　準	段　階	
大人	形式的操作	Ⅲ　慣習以降の自律的，原理的原則水準	六　普遍的な倫理的原則の道徳性	全人類を含む普遍的な視点
高校生			五　人権と社会福祉の道徳性	社会システムに先行する個人の視点
中学生		Ⅱ　慣習的水準	四　社会システムの道徳性	抽象的な社会的な視点
小学生			三　対人的規範の道徳性	他者との関係における視点
	具体的操作（可逆的）	Ⅰ　前慣習的水準	二　個人主義，道具的な道徳性	具体的な個人的な視点
			一　他律的な道徳性	自己中心的視点
	前概念的操作		〇　自己欲求希求志向	

図1　道徳性の発達と構造（荒木，1990を修正）

1）。この発達は認知能力と役割取得能力の発達と結びついて発達する。知的にいくら優れていても，他者に対する関心や他者を認める役割取得能力の発達がなければ，道徳性の発達は期

14

待できない。２つの能力が未発達の時期は低次の道徳性段階に留まる。２つの能力が発達するのに伴って，人は次第に高次の道徳性を身につけていく。

❷ 水平的発達と垂直的発達

発達には２つの方向がある。図１の段階１から段階２へ向かう段階移行，これを垂直的な（vertical）発達という。その発達は非常に緩慢で年単位である。この垂直的な発達には長い時間をかけた水平的な（horizontal）発達（ある段階特有の思考様式がいろいろな機会に様々な道徳的問題の解決に適用できることでその人特有の安定した思考様式になる）を必要とする。この水平的な発達が十分に進むとより高次の解決を生む垂直的な発達が起こる。例えば，段階２の入り口に達すると次に段階１と段階２の思考様式を繰り返すようになる。さらに段階２の思考様式が安定し突出すると段階３的な思考様式が現れ，段階３が安定し，さらに段階３へ垂直的な発達が生じる。このように十分な水平的な発達こそ次の段階への発達を確実にする。

❸ 道徳性の発達段階と教育のまとめ

表３は道徳性の発達段階の特徴と教育への示唆のまとめである（荒木，1997）。

表３　道徳性の発達段階の特徴と発達への示唆（荒木，1997，p.148を修正）

発達段階	一般的特徴	具体的な行動
段階０ 自己欲求希求志向	自己中心的	○正しいとか，善いというのは，自分の欲求や目的を達する時，つまり**自分の思い通りになることである。** ○自他の違いはわかるが，自己と他者それぞれのものの見方を区別できない。 ○思い通りにならないと，嘘をついたり，不正をしたりして，とにかく思いを通そうとする。
	垂直的な発達のために	○世の中には自分の好きなように，思い通りにいかないことがあることを教える。 ○子ども同士の遊びや活動を積極的に用意し，何度も衝突したり，仲良くする経験を積ませる。
段階１ 罰回避と従順志向 他律的な道徳性	大人に無条件の服従	○先生や親から叱られないように，**大人の言う通りにすることが正しいことであり，善**いことである。 ○人はそれぞれ感じ方が違っていることを理解できるが，自分の気持ちと相手の気持ちを同時に持てない。 **権威者もしくは自分の考えが正しいという１つの視点しかとれない。** ○悪いことをすると，必ず報いを受けるという強い信念を持っている。
	垂直的な発達のために	○より高次の段階２の考え方に触れるなどして，決まりの理由をもっと深く考えさせる。 ○大人は子どもたち一人ひとりに公平に接する。
段階２ 個人主義 道具的な道徳性	利己主義	○子どもは自立した，意志を持った存在として，大人と対等であると主張する。 ○平等意識が強い。 ○子どもと大人，子ども同士の関係を一種の取り引き（give-and-take の関係）と考える，つまり「〜してくれたら，〜してあげる」，「それをしてどんな得があるの」。 ○自分が他人からどう見られているかによって自分を振り返ったり，自分の動機や行為に対して他者がどのように行動するかを予想することができる。しかし，これらを同時に相互的にはできない。 ○厳格な公正観，「目には目を」に立つ。
	垂直的な発達のために	○一人ひとりに対して愛情を持って，公平で平等に接する。 ○相互扶助に立つ。「わたしはあなたのために〜をしたのだから，あなたはわたしのた

第１章　モラルジレンマ教材で「考える道徳・議論する道徳」を　15

		めに～をすべきです」。 ○先生や親の子どもたちへ寄せる期待に気づかせる。
段階3 良い子志向 対人規範の 道徳性	利他主義	○慣習的な道徳の始まりである。 ○良い子のイメージ（期待され，信頼される人間とは，良い動機良い意図を持ち，周りとの良い人間関係を保つことを心がけ，他人に気配りし，他人の期待に合った振る舞いができる人物）に従って行動する。 ○個人的な人間関係の中での道徳性が問題とされる。「これをすれば，他の人は自分のことをなんと思うだろうか」，と他人の目が気になる。 ○当事者の気持ち，他者の気持ち，第3者の気持ち，あるいは一般的他者の気持ちを統合（相互的な役割取得）して，みんなにとって公正，公平であるように判断できる。 ○内面的な良心が形成される。 ○黄金律を理解し，実行する。つまり，黄金律（Golden Rule）「自分にしてもらいたいと望むとおり，人にもそのとおりしなさい。」や準黄金律（Silver Rule）「自分にとっていやなことを，人にも行わない。」に従って行動する。
	垂直的な発 達のために	○一人ひとりに対して愛情を持って，公平に平等に接する（人間的な関係の維持）。 ○相互扶助に立つ。「わたしはあなたのためにしているのだから，今度はあなたがわたしのために～をすべきだ」。 ○望ましい自尊感情が育つように指導する。

【引用・参考文献】
荒木紀幸　1988　『道徳教育はこうすればおもしろい－コールバーグ理論とその実践』北大路書房，pp.27-31.
荒木紀幸　1990　『ジレンマ資料による道徳授業改革－コールバーグ理論からの提言－』明治図書　p.54.
荒木紀幸　1996　『モラルジレンマ授業の教材開発』明治図書　pp.32-33;,pp.95-109.
荒木紀幸　1997　『続　道徳教育はこうすればおもしろい－コールバーグ理論の発展とモラルジレンマ授業』北大路書房
荒木紀幸監修　2012　『モラルジレンマ教材でする白熱討論の道徳授業＝小学校編』明治図書
荒木紀幸　2013　序章　モラルジレンマ授業はなぜ子どもにも大人にも人気があるのか？『モラルジレンマ教材でする白熱討論の道徳授業＝中学校編』明治図書　pp.14-32.
荒木紀幸　2014　「ワークショップスペース（CLAFT，学習支援室など）を活かした楽しく学ぶ『チーム学習，特に討論重視の学習』の授業方法の研究」福山大学　大学教育センター
荒木紀幸　2015　兵庫教育大学方式のモラルジレンマ授業の研究－コールバーグ理論に基づくモラルジレンマ授業と道徳性の発達に及ぼす効果について－道徳性発達研究　pp.1-30.　日本道徳性発達実践学会
藤井基貴・加藤弘道　2010　道徳教育の授業開発に関する基礎的研究(1)─モラルジレンマに関する実態調査から─静岡大学教育学部研究報告（人文・社会・自然科学篇）第60号　pp.237-244.
Kohlberg,L.　1969　Stage and sequences :The cognitive-developmental approach to socialization. In D.A.Goslin（Ed）. *Handbook of socialization　theory and research.* Chicago:Rand McNally. pp.347-480.
Kohlberg,L.,& Mayer,R.　1972　*Development as the aim of education. Havard Educational Review.7* 42.4, pp.449-496.
教育再生実行会議　2013　「道徳教育の充実に関する懇談会」の報告　文部科学省
教育課程企画特別部会　2015　「教育課程企画特別部会，論点整理」報告　文部科学省
西野真由美　1997a　「道徳教育カリキュラム改善に関する調査研究」国立教育研究所広報第108号　p.2.
西野真由美　1997b　「道徳教育カリキュラム改善に関する研究」国立教育研究所教科教育研究部　pp.22-23.
ウイリアム・ピータース著　白石文人訳　1988　『青い目・茶色い目－人種差別と闘った教育の記録』日本放送出版協会

〈「はじめに」引用・参考文献〉
荒木紀幸　1997　「15章　モラルジレンマ授業がめざす教育目標（学力）」荒木編著　『続　道徳教育はこうすればおもしろい－コールバーグ理論の発展とモラルジレンマ授業－』北大路書房　pp.182-191.
道徳性発達研究会・荒木紀幸　2015　兵庫教育大学方式によるモラルジレンマ授業の研究─コールバーグ理論に基づくモラルジレンマ授業と道徳性の発達に及ぼす効果について─道徳性発達研究　第9巻　第1号　pp.1-30.
荒木紀幸　2016　道徳の「読み物教材・資料」に関する研究　道徳性発達研究　第10巻　第1号　pp.118-129.
荒木紀幸・森本玲子・鈴木憲　2011　フェイスダイヤグラムによるモラルジレンマ授業の分析　道徳性発達研究　第6巻　第1号　pp.27-37.
藤田英典　2014　『安倍「教育改革」はなぜ問題か』岩波書店　pp.35-51.
佐藤清文　2010　モラル・ジレンマとマイケル・サンデン　http://blogs.yahoo.co.jp/hpcriticism/18196559.html
佐藤清文　2012　自尊感情と自尊心　http://blogs.yahoo.co.jp/hpcriticism/30611312.html
柳沼良太　2015　道徳教育に関わる評価等の在り方に関する専門家会議（第2回，7.15.　議事録）文部科学省

第2章

新モラルジレンマ教材と授業展開

小学 1 〜 2 年

① 生きものをかおう

> **対象**
> 小学校 1 〜 2 年生
> **内容項目**
> A ―(5) 希望と勇気，努力と強い意志
> D ―(17) 生命の尊さ

今日は，せいかつかのべん強で生きものをつかまえにいく日です。

3 時間目のせいかつかの時間になり，かずきのクラスは，学校のちかくの草原へ生きものをつかまえに行きました。

大きいバッタや小さいバッタがたくさんいました。カマキリをつかまえた人もいました。

つかまえた生きものを虫かごに入れて，学校へもどり，かんさつしました。どの生きものも元気にとびまわっています。

かんさつした後，みつけたことをはっぴょうしました。

「バッタはみどり色だと思っていたけど，ちゃ色もいました。」

「カマキリの前足はギザギザです。」

など，みんないろんなことをはっぴょうしました。

先生が，

「みんないろんなことをみつけましたね。これから今日つかまえた生きものをみんなでそだてて，もっといろんなことをみつけましょう。生きものはみんないのちがありますから，せきにんを持ってしっかりおせ話してください。これは大切なべん強です。」

と，おっしゃいました。

「やったー。」

「もっといろんなことみつけよう。」

と，みんなとてもよろこんでいます。そして，グループごとに，図かんで生きものの食べものやすみかをしらべ，かうじゅんびをしています。

かずきも，どんなことがべん強できるかたのしみになりました。

そんな時，みさきさんがみんなに言いました。

「わたし，ようちえんの時，バッタをかったんだけど，みんなはじめはせ話をしてたけど，そのうちにほかの遊びにむちゅうになって，おせ話をあまりしなくなり，何びきもしんでしまったの。だから，生きものは，にがしてあげたほうがいいと思います。」

みんな，ざわざわしています。

ぼくは，みさきさんと同じようちえんだったので，その時のことを思い出しました。たしかにあの時，いっしょうけんめいせ話をしたのははじめだけで，そのうち生きもののことをわすれてしまい，土日が休みの後の月曜日の朝，たくさんしんでいたのです。

18

こうたくんは,
「みさきさんは,そう言うけど,先生が言ったように,みんなでせきにんをもってかえばいいと思います。」
と,言いました。
　ひとみさんも,
「もっと生きもののことをたくさんべん強したいから,おせ話をしながらかんさつしたほうがいいと思います。」
と,言いました。

　そんな時,だれかが,
「かずきくんは,みさきさんと同じようちえんだったから,どう思う？」
と,言いました。
　かずきは,どうこたえればよいかこまってしまいました。

かずきは,どうこたえるべきだろう。

◆生きものをにがすように言うべき。
◆生きものをかうように言うべき。

（堀田　泰永　作）

❶ 「生きものをかおう」の授業実践

(1) **主題名**「小さないのちを考える」　　**教材名**「生きものをかおう」

(2) **主題設定の理由（ねらい）**

　　生活科の学習では，生きもの観察を行うことが多い。また，家庭でも小さな生きものを飼育した経験がある児童は多い。そんな中，飼っていた生きものが死んでしまった経験を持つ児童も多くいるであろう。

　　一方，この段階の児童は，何事も好奇心を持って行おうとする。また，興味・関心のあることについては意欲的に取り組むものの，つらいことや苦しいことがあるとくじけてしまう傾向もある。

　　本教材では，生活科での小さな生きものの飼育の場面を取り上げ，大切な勉強である飼育と観察活動を自分がやるべきこととしてしっかりと行うことと，小さな生きものの生命の尊さについて考えることで，「努力と強い意志」「責任」「協力」と関連づけながら「生命の尊さ」について包括的に考えることとする。

(3) **教材について（タイプⅠ）**

　　かずきの学級では，生活科の時間に捕まえた生きものを飼いながら観察することになった。しかし，みさきさんが幼稚園の時，飼っていた生きものが死んでしまったので，逃がしたほうがよいと言い出した。こうたくんとひとみさんは，飼って勉強したいと言う。みさきさんと同じ幼稚園だったかずきは，「逃がすように言うべき」か「飼うように言うべき」か。

(4) **学級の実態**　（略）

(5) **価値分析表**

　　コールバーグの道徳性の発達段階に照らして，予想される児童の反応を表1に示した。

表1　価値分析表

生きものを逃がすように言うべき	生きものを飼うように言うべき
段階0　自己欲求希求志向	
・生きものがかわいそうだから。	・生きものが好きだから。
段階1　罰回避と従順志向，他律的な道徳性	
・生きものが死んだらおこられるから。 ・世話を忘れてしまうかもしれないから。	・先生が飼うように言っているから。 ・みんな飼いたいと言っているから。
段階2　個人主義，道具的な道徳性	
・小さな生きものにも命があり，それは大切だから。 ・生きものにとって，きゅうくつな所より，草原のほうが自由があるから。	・みんなで係を決めて，責任を持ってお世話をすればよい。 ・生きものを飼って観察することも大切な勉強だから。

❷ 展開（１時間扱いの授業展開）

配時	学習活動と主な発問	指導上の留意点
導入 5分	○生きものを飼ったことはありますか。 ○その飼っている生きものが死んだことはありますか。 ○どうして死んでしまったのですか。	・生きものを飼育した経験について話し合う。
展開 前半 15分	道徳的ジレンマに直面し，道徳的価値の生起する状況を共通理解する。 ○捕まえた生きものを飼う時，先生はどんなことを言いましたか。 ○生きものを飼うことになったみんなはどんな様子ですか。 ○みさきさんは，どんなことを言いましたか。 ○こうたくん，ひとみさんはどんなことを言いましたか。 ○かずきは，なぜこまっているのですか。	・発問をはさみながら「立ち止まり読み」を行い，教材の共通理解を図る。 ※「立ち止まり読み」…教材を適切な箇所で切り，発問と児童の応答を挟みながら読み進めることで，葛藤状況を共通理解する。
	最初の判断を行う。 ○かずきは，どうこたえるべきだろう。	・挙手やネームプレートを使い判断を確認する。
展開 後半 20分	いろいろな理由づけに対して相互に意見を述べ合い，論点を明らかにしていく。 ○賛成・反対意見を自由に言おう。	
	論点を絞り，さらに意見を出し合う中で，自分の考えを確かなものにしていく。 ○飼われている生きものたちはどんなことを思っているだろう。（Y） ※虫かごに入れられている生きものの立場になって役割演技等を行ってもよい。 ○もしみんながお世話をわすれたらどうなるだろう。（K） ○生きものを飼って観察することは大切な勉強じゃないんですか？（N）	・役割取得を促す発問（Y），結果を類推する発問（K），認知的不均衡を促す発問（N）でディスカッションを方向づけ，児童の思考を深める。
終末 5分	道徳的葛藤の場面で主人公はどうすべきかを判断し，その理由づけをする。 ◎かずきは，どうこたえるべきだろう。（H）	・「判断・理由づけカード」への記入を行う。

第2章　新モラルジレンマ教材と授業展開　21

板書計画

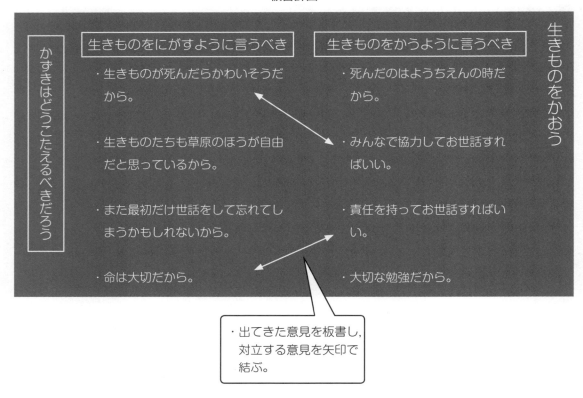

❸ 授業を行う上での留意点

　小学校では，生活科や理科で小さな生きものを飼育したり，観察したりすることがよくある。本教材では，そのような場面で，小さな生きものの命の尊さについて包括的に考えることをねらいとする。

　モラルディスカッションでは，「飼われている生きものたちはどんなことを思っているだろう。」という生きものたちへの役割取得を促す発問や，「もしみんながお世話をわすれたらどうなるだろう。」というような結果を類推する発問で，生きものたちの命の尊さに気づかせる。また，この場面では，「生きものたちは，どんなことを言うだろう。」というように，虫かごの中の生きものになって役割演技を行ってもよい。

　その後，「生きものを飼って観察することは大切な勉強じゃないんですか？」や，「こうたくんやひとみさんの意見をどう思う？」という認知的不均衡を促す発問で考えを深めていく。

　最後に，最終的な判断・理由づけを行う。なお，モラルジレンマ授業は，立場を明確にして討論を行う形式で授業を進めるが，反する立場の意見でも，納得できることは受け入れるという共感的な態度での討論が重要である。

ワークシート　生きものをかおう

　　　　　　　　　　　　　　　　　　　　　　　なまえ　　　ねん　　くみ　　ばん

かずきは，どうこたえるべきだろう。
　◆生きものをにがすように言うべき。
　◆生きものをかうように言うべき。

そうかんがえたりゆう（わけ）は？

②　おたんじょうかい，だれをよぼうかな

|対　象|
|小学校1〜2年生|
|内容項目|
|C—⑬家族愛　　B—⑼友情|
|C—⑾公正公平|

　あしたはどうぶつ村のうさぎくんのたんじょう日です。うさぎくんのおうちでおたんじょうかいをすることになりました。おうちによんでいい人ずうは3人までとおかあさんにいわれました。うさぎくんは，さっそく，ともだちにわたすためのしょうたいじょうを3まいつくりました。

　げん気であかるいうさぎくんはともだちもたくさんいます。おとなりにすんでいてふだんからなかよしのきつねくん，おなじクラスのうんどうがなんでもとくいなたぬきくん，ようちえんからいっしょでクラスもおなじのりすくん，となりのクラスでちからもちのくまくんの4人がおもいうかびました。

　うさぎくんが一ばんなかよしなのはきつねくん，そのつぎにおなじクラスのたぬきくん。りすくんともなかよしです。となりのクラスのくまくんとはいっしょにあそんではいませんが，くまくんは力もちなのでうさぎくんのおかあさんがひっこしのとき，にもつはこびを手つだってもらったことがあります。
　それいらいうさぎくんのおかあさんは，くまくんをとても気に入っているのです。うさぎくんにも「くまくんにはわたしがおせわになったこともあるからごちそうしてあげたいわ。」といっています。

　それをきいていたのでうさぎくんは，くまくんとはクラスがちがうのであそぶことはなかったけれど，おたんじょう日をきっかけになかよくなれるかもしれないとかんがえました。

　うさぎくんはだれをさそおうかまよいましたが，まず，すぐおとなりのいえのきつねくんに1まいわたし，のこりの2まいはいつもクラスでいっしょにあそんでいるたぬきくんと，からだが大きくて力もちのとなりのクラスのくまくんにわたすことにしました。
　さっそくしょうたいじょうをもってともだちのいえをたずねることにしました。

　たぬきくんにしょうたいじょうをわたしたあと，くまくんのおうちにいこうとしてあるいていると，りすくんにあいました。りすくんは「さっきたぬきくんにあったら，あしたうさぎくんのおうちでおたんじょう日かいがあることをきいたんだ。ぼくもいきたいとおもって，ぼくすこしまえからきみのたんじょう日のためのプレゼントもよういしていたんだよ。」とうさぎくんにいってきたのです。

　りすくんとはようちえんからいっしょなのでうさぎくんのたんじょう日をまえからしっていたのでしょう。のこりのしょうたいじょうはあと1まいです。

　うさぎくんはおかあさんのいっていたこともあって，くまくんをしょうたいしようとおもっていたのですが，りすくんがわざわざプレゼントまでもよういしてくれていることをしってこまってしまいました。

　うさぎくんはこころの中で「りすくんとはクラスもいっしょだし，ぼくにくれようとしているプレゼントも気になるよ。でもここでりすくんにしょうたいじょうをわたしてしまったら，くまくんへのしょうたいじょうがなくなってしまう。おかあさんになんていおうか」と，なやんでいます。

> うさぎくんは，りすくんとくまくんのどちらにしょうたいじょうをわたしたらいいでしょうか。

◆くまくんにわたす。
◆りすくんにわたす。　　そのりゆう（わけ）はなんですか？

> りすくんにどういえばよいのでしょう。

（榊原　博美　作）

第2章　新モラルジレンマ教材と授業展開　｜　25

❶ 「おたんじょうかい，だれをよぼうかな」の授業実践

(1) **主題名**「家族・友情・公正公平」について考える　　**教材名**「おたんじょうかい，だれを
よぼうかな」

(2) **主題設定の理由（ねらい）**

　直接的に自分に友情を向けてくれる友だちと家族（母親）が期待していることとが拮抗した
状況での判断について考えることをねらいとして，本主題を設定した。また低学年の段階にお
いてどのような関係を友だちと判断するかについても考えさせたい。

(3) **教材について（タイプⅠ）**

　小学校低学年ということで物語をイメージしやすいよう動物を登場人物とし，「どうぶつ村」
での友だち関係を設定した。主人公のうさぎはお母さんの言いつけをよく守る友だち思いの明
るく元気な子どもである。仲の良い友だちも多い。低学年の友人関係では物理的な距離の近さ
や学級が同じなどの外的な要因に左右されることが多い。その中で母親が恩義を感じている，
自分とは物理的には少し距離のある友だちと，幼稚園からの知り合いであり小学校でも同じ学
級の友だち，しかも前もって誕生日を把握してプレゼントを用意してくれているという，子ど
も自身にとって望ましい状況が目の前にある時に母親の期待に沿おうとした最初の判断を変更
すべきか，まだくまを誘っていない段階，変更が可能な段階でどうするかについて公正公平と
いう視点から考えることの他に家族の心情や友だちの心情を考えることも含まれている。

(4) **学級の実態**　（略）

(5) **価値分析表**

　コールバーグの道徳性の発達段階に照らして，予想される児童の反応を表1に示した。

表1　価値分析表

くまくんにわたす	りすくんにわたす
段階0　自己欲求希求志向	
・力持ちだから。 ・仲良くなれるから。	・りすくんのプレゼントがほしい。 ・前から知っているから。
段階1　罰回避と従順志向，他律的な道徳性	
・お母さんががっかりするから。 ・お母さんに叱られるから。 ・最初に決めたから。	・りすくんががっかりするから。 ・くまくんより先に会ったから。
段階2　個人主義，道具的道徳性	
・くまくんをよべばまた力仕事など手伝って 　くれそう。 ・お母さんにも喜ばれる。	・同じクラスのりすくんと仲良くすればいつ 　でも楽しくできる。

❷ 展開（1時間扱いの授業展開）

配時	学習活動と主な発問	指導上の留意点
導入 前半 10分	○お誕生日会に行ったことはありますか。 ・場面絵を見ながら教材の話を聴く。 ○お母さんがよんでいいと言ったのは何人ですか。 　うさぎくんはだれをどうしてよぼうとしたのかな。 ・前から仲良しのきつねくんとたぬきくんと，おかあさんに言われたくまくん。	・簡単な導入に続き，場面絵を提示しながら教材の立ち止まり読みを行う。 ・母親から出された条件（3人まで）を確認する。
導入 後半 7分	○お話を聴いて，うさぎくんはどちらに招待状をわたすとよいのでしょう？　うさぎくんの気持ちになって考えましょう。 ・判断と理由を(1)判断・理由づけカードに記入する。	・話の流れと場面，何がジレンマとなっているかについて把握できるようにする。
展開 20分	・各自自分の判断・理由を発表する。 ○自分と違った意見の人の話もよく聴いてね。理由を聞いてもなぜそう考えたかわからなかったら質問してください。 ・子どもの発表が少ない時には，(2)書き込みカードに，賛成・反対（○×）意見や質問を記入する。 ・くまくんにわたしに行く。 ・りすくんにわたす。 ○でも，お誕生日を覚えてくれていてせっかくプレゼントまで用意してくれているんだよね。（Y） ○うさぎくんがくまくんをさそわなかったらお母さんはどう思うでしょう。（K） ・がっかりする，怒る。 ○「りすくんのことはよべない」と言ったらりすくんはがっかりするでしょうか。（K） ○りすくんはお誕生日会が開かれるのを知っていますが，まだくまくんのところに行く前だから，くまくんはお誕生日会のことを知らないので目の前にいるりすくんを招待しても大丈夫でしょうか。（N）	・それぞれの理由について発表したことを板書する。 ・くまにわたすほうがよいと考えている子どもには，目の前にいるりすに何と言えばよいかや，せっかくプレゼントまで用意していることを伝える。 ・りすにわたすほうがよいと考えている子どもには，誕生会を用意してくれるお母さんはどんな気持ちになるか，お母さんは何と言っていたかなどを思い出させる。 ・役割取得を促す発問（Y），結果を類推する発問（K），認知的不均衡を促す発問（N）でディスカッションを方向づけ，児童の思考を深める。
終末 8分	○他の人の意見も聞いたら考えが変わったとしてもよいのでもう一度うさぎくんになった気持ちで記入してください。 ◎うさぎくんは，招待状をどちらにあげたらよいでしょうか。またそのりゆう（わけ）はなんですか（H）。 ○うさぎくんはりすくんにどう言えばよいでしょう。	・各自「判断・理由づけカード」に最終の判断と理由と，うさぎからりすへの言葉の記入を行う。

第2章　新モラルジレンマ教材と授業展開　27

❸ 授業を行う上での留意点

　低学年ということで，紙芝居や場面絵を示して内容を把握する手助けとする。またお話作りをしながら進めてもよい。自作のペープサートやパネルシアターを活用するのも有効であろう。モラルディスカッションでは，まず，ジレンマの状況とうさぎの立場を役割取得した上で，自由に意見を発表する。

　教師は，それぞれの考えを否定することなく，揺さぶりをかける質問をしながら，
○もしこの場で断ったらりすくんはどう思うだろう。（りすへの役割取得）
○くまくんの代わりにりすくんを誘ったらお母さんはどう思うかな。（行為の結果の類推）
○まだくまくんを誘いに行く前だから最初に決めたことを変更してもよいのだろうか。（認知的不均衡を促す）

　その後，他の子どもの意見を聞いた上で再度判断させ，判断・理由づけカードを記入させる。

　低学年であるので，「どちら」という質問を忠実に守ろうと判断することが予想されるが，仮に「家に帰ってからお母さんに頼んでもう一人招待することにしてもう一枚の招待状をくまに渡す」というような発展的な意見が存在することも視野に入れておき柔軟に対応したい。

板書計画

ワークシート　おたんじょうかい，だれをよぼうかな

なまえ _____　ねん　くみ　ばん

(1)　はんだん・りゆうづけカード

うさぎくんはどちらにしょうたいじょうをわたすとよいのでしょうか？（○をつける）	
くまくんにわたす（　）	りすくんにわたす（　）
そうかんがえたりゆう（わけ）	

(2)　かきこみカード

くまくんにわたす			りすくんにわたす		
りゆう	○×	いけんやしつもん	りゆう	○×	いけんやしつもん
1．ちからもち。おかあさんをてつだってくれた。			1．りすくんのプレゼントがほしい。		
2．おかあさんががっかりする。さいしょにきめたこと。			2．りすくんががっかりする。くまくんよりさきにあった。		
3．くまくんならこれからもちからになってくれそう。			3．おなじクラスだから。これからもなかよくしたい。		

(3)　はんだん・りゆうづけカード

うさぎくんはどちらにしょうたいじょうをわたすとよいのでしょうか？（○をつける）	
くまくんにわたす（　）	りすくんにわたす（　）
そうかんがえたりゆう（わけ）	

うさぎくんは，りすくんにどういえばよいでしょう。

第2章　新モラルジレンマ教材と授業展開　29

③ とうもろこしができた

対 象
小学校 1～2 年生
内容項目
C－(11) 公正公平，社会正義

「お父さん，お父さん，とうもろこしの たねを みつけたよ。」

2ひきの 子ねずみが，とうもろこしの たねを 1つみつけて，お父さんねずみの とこ
ろへ もって きました。

「よし，この たねから とうもろこしを つくろう。」

「わーい。」

「でも こまったな。うちには はたけが ないからな。」

「そうだ。なかよしの うさぎさんに はたけを かして もらおう。」

お父さんねずみは，うさぎさんの いえに 行きました。

「うさぎさん，うさぎさん。とうもろこしの たねを うえたいんだけど はたけを ちょ
っと かして くれないかな。」

「いいよ。なかよしの ねずみさんの たのみだから，かして あげるよ。」

「ありがとう，うさぎさん。とうもろこしが できたら うさぎさんにも 1つあげるから
ね。」

うさぎさんは，うれしそうな かおを しました。

ねずみさんは，うさぎさんの はたけに たねを まきました。つぎは，水を やらないと
いけません。

「水を はこぶ どうぐが ないし，どうしよう。」

ねずみさんは こまってしまいました。

そこへ，ぞうさんが やってきました。

「どうしたんだい，ねずみさん。」

「とうもろこしの たねを まいたんだけど，水を はこぶ どうぐが なくて こまって
いるんだ。」

「それじゃ，ぼくが この 長い はなで 水を はこんであげよう。」

「ありがとう，ぞうさん。とうもろこしが できたら ぞうさんにも 1つあげるからね。」

ぞうさんは，うれしそうな かおを しました。

ぞうさんは，まいにち 池から 水を はこんで くれました。

2ひきの 子ねずみも，とうもろこしが できるのを 楽しみに しながら，ときどき

草ぬきを しました。

　その おかげで とうもろこしの くきは, ぐんぐん, ぐんぐん のびました。
　大きくなった とうもろこしの くきを 見て, 2ひきの 子ねずみが 言いました。
「お父さん, たくさん とうもろこしが できると いいね。はやく 食べたいな。」
　とうもろこしの くきは, どんどん, どんどん のびて いって, ついに とうもろこしが 2つできました。
　できた とうもろこしを 見て, 2ひきの 子ねずみは おおよろこびです。
「はやく とうもろこしを 食べたいな。」

　でも, よろこんでいる 子ねずみたちを 見て, お父さんねずみは かんがえました。
「子どもたちは とうもろこしが ぜんぶ じぶんたちの ものだと 思っている。でも, うさぎさんと ぞうさんには 1つずつ あげると やくそくしたからな。」

　『あんなに たのしみにして, 草を ぬいていたから, やっぱり 子ねずみたちに 2つとも あげようかな。』
　『水を はこんでくれた からだの 大きい ぞうさんに 1つあげて, もう1つは 子ねずみたちに あげようかな。』
　『はたけを かしてくれた なかよしの うさぎさんに 1つあげて, もう1つは 子ねずみたちに あげようかな。』
　『1つは ぞうさんに, 1つはうさぎさんに あげようかな。』
　『それとも 1つは 子ねずみたちに, 1つは ぞうさんと うさぎさんに あげようかな。』

　【2つしか ない とうもろこしを 見ながら, お父さんねずみは どうやって わけたら いいのか こまって しまいました。】

　ねずみさんは とうもろこしを どうわけたら いいかな。

◆うさぎさんとぞうさん　　◆子ねずみたちに2つ
◆ぞうさんと子ねずみ　　　◆うさぎさんと子ねずみ

（堀田 泰永・道徳性発達研究会　作）

❶ 「とうもろこしができた」の授業実践

(1)主題名 「みんなのことを考えて」　**教材名** 「とうもろこしができた」

(2)主題設定の理由（ねらい）

　低学年の段階においては，自己中心的な考え方をしがちである。そのため，人も自分と同じ考え方や感じ方であると考えたり，異なる考え方や感じ方を否定する傾向がある。また，仲良しだからとか，好きだからというような理由によって，公平さを欠く言動をとる姿も見受けられる。

　このような実態の児童の指導に当たっては，日常の指導において，公正，公平な態度に根差した具体的な言動を取り上げて，そのよさを考えさせるようにするとともに，偏見や差別が背景にある言動については，毅然として是正することが必要である。

　さらに，道徳の授業においても，公正，公平にできる場面，できない場面を設定し，公正，公平について児童が考えることができるようにすることが重要である。

　本教材では，2つのとうもろこしを4人で分ける場面を通して，「感謝」「希望と勇気，努力と強い意志」と関連づけながら「公正，公平」について包括的に考えることとする。

(3)　教材について（タイプⅠ）

　2ひきのねずみがとうもろこしの種を拾ってきて植えることになり，仲良しのうさぎさんから畑を借りる。うさぎさんには，とうもろこしができたら1つあげることを約束する。水をやる道具がないので困っていると，ぞうさんがやってきて，長い鼻で毎日水を運んでくれる。ぞうさんにも，とうもろこしができたら1つあげることを約束する。2ひきのねずみは，楽しみにしながら草ぬきをする。とうとうとうもろこしができたのですが，2つしかありません。とうもろこしをどのように分けたらよいでしょうか。

(4)　学級の実態　（略）

(5)　価値分析表

　コールバーグの道徳性の発達段階に照らして，予想される児童の反応を表1に示した。

表1　価値分析表

うさぎさんとぞうさん	子ねずみたちに2つ	ぞうさんと子ねずみ	うさぎさんと子ねずみ
段階0　自己欲求希求志向			
	・もともと子ねずみが見つけたたねだから。		
段階1　罰回避と従順志向，他律的な道徳性			
・1つあげると約束したから。		・ぞうさんは体が大きいから。	・うさぎさんは仲良しだから。

段階2　個人主義 – 道具的な道徳性			
・とうもろこしができたのはうさぎさんとぞうさんのおかげだから。	・2ひきは草ぬきもしたし，楽しみにしているから。	・とうもろこしができたのは，ぞうさんが水を運んでくれたおかげだから。	・とうもろこしができたのは，うさぎさんが畑を貸してくれたおかげだから。
・うさぎさんとぞうさんには1つずつあげると約束したけど，とうもろこしができたのは，うさぎさん，ぞうさん，2ひきの子ねずみたち，みんなのおかげだから，2つのとうもろこしを4つに分ければよい。			

❷　展開（1時間扱いの授業展開）

配時	学習活動と主な発問	指導上の留意点
導入 5分	作物を育てた経験を聞く。 ○お家や保育所で野菜を育てたことがありますか。 ○実ができた時どんな気持ちでしたか。	・野菜など，作物を育てた経験について話し合う。
展開 前半 20分	お話を聞いて，うさぎさん，ぞうさん，子ねずみたちの気持ちを考える。 ○「とうもろこしができたらうさぎさんにも1つあげるからね。」と言われたうさぎさんは，どんなことを思っただろう。 ○「とうもろこしができたらぞうさんにも1つあげるからね。」と言われたぞうさんは，どんなことを思っただろう。 ○子ねずみたちは，大きくなったとうもろこしのくきを見て，どんなことを思っただろう。	・必要に応じてペープサートや，うさぎ，ぞう，ねずみの絵等を利用する。
	ねずみさんはどうすればよいのか，自分の考えを持つ。 ○ねずみさんはとうもろこしを誰にあげたらよいのだろう。	・2つのとうもろこしをどう分ければよいのか考えさせる。
展開 後半 15分	友だちの考えを聞き，自分と違う考えに気づく。 ・児童5名による方法 ○それぞれの役になって役割表現をしよう。	・児童対教師による方法 ・ねずみさん役は分け方とその理由を，その他の役にはその時の気持ちを表明させる。 ・4つに分けてみんなにあげるという意見があれば，ぜひ取

第2章　新モラルジレンマ教材と授業展開　｜　33

		り上げる。ない場合は，「み んなのことを考えると，どん な分け方がいいかな。」と， 問う。
終末 5分	ねずみさんはどうすべきかを判断し，その理由づけ をする。 ◎ねずみさんは，とうもろこしをどのように分けた らよいのだろう。	・「判断・理由づけカード」へ の記入を行う。

❸ 授業を行う上での留意点

　本教材では，２つしかないとうもろこしの４人への公平な分配を扱っている。

　登場人物の設定は，次のとおりである。見つけた種をまき，草ぬき等の世話をしながら成長を楽しみにしている２ひきのねずみ。種をまくための畑を貸した仲良しのうさぎ。水を運んでくれた体の大きなぞう。うさぎとぞうには，お礼として収穫したとうもろこしを１つずつあげるという約束をする。できたとうもろこしは２つだけというものである。

　展開前半では，教材を読み進めながら，子ねずみ・うさぎ・ぞうの気持ちを問いながら，上記の設定を確認していく。

　展開後半では，役割表現を取り入れながら，誰にとうもろこしをあげるのか，その理由を明らかにしていく。理由づけとしては，低学年の特質から考えると，「仲良しだから」「体が大きいから」「草ぬきの世話をしたから」「約束したから」などの理由により，様々な組み合わせの分け方をすることが考えられる。この考えは尊重しながらも，最終的には２つのとうもろこしを４人で公平に分ける考えを目指す。そのため，この考えが子どもから出た場合は，その理由を言わせ，みんなで考えさせる。出ない場合は，「みんなのことを考えるとどんな分け方がいいかな。」あるいは，「みんなが納得するには，どんな分け方がいいかな。」と発問し，子どもたちに考えさせるとよい。

ワークシート とうもろこしができた　なまえ　　ねん　くみ　ばん

ねずみさんは　とうもろこしを　どうわけたら　いいかな。

○わけかた

○そう　かんがえた　りゆう

④ どんぐりはだれのもの？

対　象	小学校１〜２年生
内容項目	
C−⒀ 家族愛	
B−⑹ 思いやり	

　あるところに　アーサーというなまえの　りすのおとこのこがいました。アーサーはおじいさんと　おばあさんと　３びきで　なかよくくらしていました。ところが，アーサーのおじいさんは　とてもおもいびょうきにかかってしまい　ねこんでしまいました。
　あるひ　アーサーのおばあさんは　アーサーに　こんな　おねがいをしました。

　「アーサー，わくわく山の　ちょうじょうにある　金のどんぐりを　とってきてくれないかい。金のどんぐりには　ふしぎなちからがあって　これを　まるごと１つたべると　どんなびょうきもなおる　といわれているのよ。金のどんぐりは　わくわく山の　ちょうじょうにある　おおきな木に　たったひとつしかないの。おばあさんは　おじいさんの　かんびょうを　しなければならないわ。
　だからアーサー，わくわく山にいって　金のどんぐりを　とってきて　くれないかい？」
　アーサーは力いっぱい「うん！」と　へんじをすると，さっそく　おおきなリュックを　せおって　わくわく山へと　むかいました。
　うすぐらい　もりをぬけて，けわしいやまみちを　すすむと，ちょうじょうの　おおきな木に　金ぴかに　かがやく　金のどんぐりが　１つ　なっていました。
　「よし，これで　おじいさんも　おばあさんもよろこんでくれるぞ！」
　アーサーは　いそいで　おうちへと　むかいました。
　いそぎすぎて　すこし　つかれてしまったアーサーは　リュックをおろして　こかげで　すこし　きゅうけいしました。ひとやすみして　げんきになったアーサーは　ふたたびリュックをせおいました。
　そのときです。
　「あれ，リュックが　かるいぞ！？」
　ふしぎにおもったアーサーが　リュックのなかを　みてみると，なんと金のどんぐりが　ありません。リュックのそこには　あながあいていました。
　「きっと　このあなから　金のどんぐりが　おちてしまったんだ。」

アーサーは　きたみちをもどって　金のどんぐりを　さがしました。すると　のねずみのいえから　こんなこえが　きこえてきました。
「いえのまえに　どんぐりがおちてるなんて　きょうは　ラッキーだったよ。しかも　ふつうのどんぐりじゃなくて　金のどんぐりだ。きょうは　ごちそうだね！」
　はっとしたアーサーは　のねずみのいえを　たずねました。
「こんこんこん，のねずみさん。ぼくは　りすのアーサー。その金のどんぐりは　きっとぼくがおとしたものなんだ。だから　かえしてくれないかな？」

　すると　なかから　のねずみの　おとこのこが　出てきていました。
「こんにちは，アーサー。ぼくは　のねずみの　ヘンリー。このどんぐりは　ぼくがひろったんだ。きみのなまえなんてかいてないだろう？　だから　ひろったぼくのものだよ。」
　たしかに金のどんぐりには　なまえがかいてありません。アーサーはいいました。「でも，その金のどんぐりは　わくわく山に　たったひとつしかないものなんだ。それに　ぼくがいっしょうけんめい　さがしたものなんだ。その金のどんぐりがあれば　おじいさんのびょうきも　きっとなおる。だからヘンリー，かえしてくれないか。」
　けれども　ヘンリーは　いいました。
「ぼくのいえには　ちいさなちいさな　あかちゃんがいるんだ。
　あかちゃんはおなかをすかせて　ないているよ。おばあさんも　この金のどんぐりをつかって　あかちゃんのだいすきな　スープをつくろうと　じゅんびをはじめてしまったよ。
　きょうは　このひろったどんぐりしか　たべるものがないから，これがなければ　ぼくたちだって　こまってしまうよ。だから　この金のどんぐりを　きみにあげることはできない。」
　2人とも　こまりはててしまいました。

どんぐりは　だれのものでしょうか。

◆りすの　アーサーのもの
◆のねずみの　ヘンリーのもの

（藤澤　文・府川　汐莉　作）

❶ 「どんぐりはだれのもの？」の授業実践

(1)　主題名「家族の大切さ・思いやりについて考える」　　**教材名**「どんぐりはだれのもの？」

(2)　主題設定の理由（ねらい）

　家族の大切さ，思いやりについて改めて考えることをねらいとして本主題を設定した。この教材では異なる構成の家族それぞれの思いを考え，葛藤することを通して「家族愛」や「思いやり」に改めて気づくことが課題とされている。

(3)　教材について（タイプⅠ）

　りすのアーサーには病気の祖父がいた。アーサーは食べると病気が治ると言われている金のどんぐりをさがしにわくわく山へと向かった。

　無事に金のどんぐりを手に入れたアーサーだったが，気がつくと金のどんぐりがなくなっていた。

　アーサーが落とした金のどんぐりを拾った野ねずみのヘンリーは，空腹の赤ちゃんのために金のどんぐりでスープを作ろうとしていた。

　金のどんぐりはアーサーとヘンリーどちらのものだろうか。

(4)　学級の実態

　冬休み明け，子どもたちは冬休みを家族や親戚と過ごしていたようである。幼い従兄弟と触れ合ったり，久しぶりに会う親戚と接したりすることで子どもたちもいろいろな経験ができた様子である。

　そこで，子どもたちには本時を通して，家族を大切に思う気持ちや幼い子や高齢者に優しくする気持ちをより深めてほしいと考えている。

　また，２年生になると年少の１年生にお兄さん，お姉さんらしく接する機会も増えてくる。そこで進級に向けて他者を思いやる感情を育んでほしいと願っている。今はまだ自分本位な言動や行動が目立つが，本時を通して異なる立場にいる人の気持ちを考える力を身につけてほしいと願っている。

(5)　価値分析表

　コールバーグの道徳性の発達段階に照らして，予想される児童の反応を表１に示した。

表1　価値分析表

りすのアーサーのもの	野ねずみのヘンリーのもの
段階0　自己欲求希求志向	
・アーサーが好きだから。 ・野ねずみが嫌いだから。	・野ねずみのヘンリーが好きだから。
段階1　罰回避と従順志向，他律的な道徳性	
・金のどんぐりをとってきてとアーサーのおばあさんにお願いされたから。 ・金のどんぐりを食べないとアーサーのおじいさんが病気で死んでしまうから。 ・アーサーのおじいさんもおばあさんもどんぐりを待っているから。	・野ねずみの赤ちゃんがお腹をすかせて泣きそうだから。 ・名前が書いてないからアーサーが落としたものかはわからないから。 ・もうおばあさんが金のどんぐりを使ってスープを作る準備を始めてしまったから。 ・ヘンリーの家族は，今日はこれしか食べるものがないから。
段階2　個人主義・道具的な道徳性	
・金のどんぐりをとってきたらおばあさんにほめられるから。 ・金のどんぐりをとってきたらおじいさんが喜んでくれるから。 ・金のどんぐりを食べたらおじいさんの病気が治るから。 ・二度と金のどんぐりが見つからないかもしれない。 ・アーサーが最初に金のどんぐりを見つけたから。 ・おじいさんは家族だけど，野ねずみの赤ちゃんは家族ではないから。 ・空腹は我慢できても，病気はそれでは治らない。 ・何もしてないヘンリーが得してアーサーがかわいそう。	・どんぐりのスープは野ねずみの赤ちゃんの好物だから。 ・どんぐりのスープを飲めば野ねずみの赤ちゃんが泣き止むから。 ・金のどんぐりが今日のご飯になるから。 ・野ねずみの赤ちゃんは家族だけど，りすのおじいさんは家族ではないから。 ・赤ちゃんは我慢が難しいから。
段階3　良い子志向，対人的規範の道徳性	
・おばあさんに頼まれたことは最後まできちんとやり遂げなければならない。 ・病気のおじいさんの命を守るのは家族として当然のことだから。	・赤ちゃんは小さいから，家族が守ってあげなければならないから。 ・困っている人や動物に出会ったら助けてあげるのは当然のことだから。
・金のどんぐりを半分にして分ければよいから。	

第2章　新モラルジレンマ教材と授業展開　39

❷ 展開（１時間扱いの授業展開）

配時	学習活動と主な発問	指導上の留意点
導入 5分	1．冬休み，家族や親戚と過ごした時間を思い出す。 ○家族や親戚との思い出で印象に残っていることは？ ・おじいさんと初詣に行った。・家族でスキーをした。	・思い出しやすいように初詣，羽根つき，スキー等のイラストや写真を提示する。
展開 前半 20分	2．教材「どんぐりはだれのもの？」の前半部分（1ページ目）を読み，話の流れを理解する。 ○アーサーのおじいさんはどんな状態でしたか。 ・病気で寝込んでいた。 ○アーサーはおばあさんに何を頼まれましたか。 ・金のどんぐりをとってくること。 ○アーサーが見つけた金のどんぐりはどうなってしまったか。 　アーサーのもとに戻ってくると思いますか。 ・来た道を戻って探せば見つかると思う。 ・もしかしたら誰かが拾っているかしれない。	・ストーリーに関する確認質問を行い，クラス全体で話の理解を深める。
	3．後半部分（2ページ目）を読む。 ○どんぐりはどちらのものだろうか。その理由は？ ○「アーサー」を選択した人は教室の右半分の席に，「ヘンリー」を選択した人は左半分の席に移ろう。そして，どうしてそう思ったのか互いに理由を聞いてみよう。	・判断とその理由をワークシートに記入してもらう。 ・席を移動させる。 ・同じ判断を行った人でも，違う理由づけがあることに気づく。共感するだけでなく，意見の交流をする。
展開 後半 15分	4．反対の立場の気持ちも考えてみる。 ○今度は自分と違うほうを選んだ人の意見を聞こう。 板書イメージ アーサーのもの ・アーサーはやさしい子どもだから ・アーサーが先にひろったから ・おじいさんの病気がなおるから ヘンリーのもの ・これしか食べるものがないから ・あかちゃんがかわいそうだから ・赤ちゃんが泣いている	・両方の立場から万遍なく意見を発表してもらう。 ・それぞれの理由を黒板に書き出し，様々な理由づけをクラス全体で共有する。
終末 5分	5．これらの理由を踏まえて，再度判断を行う。 ◎金のドングリは誰のものですか？　その理由を書きましょう。 ○この後アーサーとヘンリーに声をかけるとしたら，何と言うか。みんなの意見も踏まえて考えよう。	・立場の違う2人に声をかけることで，相手を思いやる心を育む。

ワークシート　どんぐりはだれのもの？

なまえ　　　ねん　　くみ　　ばん

① 金のどんぐりはだれのものでしょうか？　当てはまるえにまるをつけてください。

（　　）　　　　（　　）

それはどうしてでしょう
....
....
....
....
....

② お友だちのいけんを聞いて，金のどんぐりはだれのものだと思いますか？　まるをつけてください。

（　　）　　　　　　　　（　　）

③ アーサーとヘンリーにメッセージをかいてみよう。

アーサー	ヘンリー
....	....
....	....
....	....
....	....
....	....

⑤　ばったとり

対　象
小学校1～2年生
内容項目
B－(9) 友情・信頼
C－(10) 規則の尊重

　小学校1年生の　ゆうひとそうたは，いえもちかく　ほいくしょから　大の仲よしでした。学校がおわって　家にかえってからも，いつもいっしょに　しゅくだいをしたり，ちかくのこうえんであそんだりして，なにをするにも　いっしょでした。ゆうひは，だれにもやさしく，はずかしがりやのそうたを　いつもはげましていました。そうたは，こまっているときいつもたすけてくれる　ゆうひを，とてもたよりに　していました。

　ある日，生かつかで，虫さがしを　することになりました。

　「きょうは，うんどうじょうに出て，2人ぐみで　ばったや　テントウムシを　たくさんさがしましょう。しょくいんしつまえの　クローバーの草むらは，うえている木があって　けがをしてはいけないから　いかないようにね。

　それじゃあ，みんながんばって，虫を　つかまえるんですよ。」

　「そうたくん。いっしょに　ばったをとりにいこうよ。いいところを　しっているんだ。」

　ゆうひは，そういうと　そうたをさそい，すべりだいそばの　草むらに　はしっていきました。ちかくまで　いくと，ゆうひは　ゆっくりしずかに　ちかよりました。そして，かぶっていた　ぼうしをつかって　ばった　目がけて　かぶせました。

　「やった。とったよ。見て，そうたくん。」

　ゆうひは　うれしそうに，つかまえたばったを　そうたに見せてくれました。ゆうひは　とてもじょうずにばったを　つかまえていきました。

　「すごいなあ。ゆうひくんは，ばったとりの　名人だね。ぼくにも　とりかたを　おしえてよ。」

　そうたは，うらやましそうに　ゆうひにいいました。

　「わかったよ。そうちゃんにも　ぜったいばったを　とらせてあげるね。ぼくの　いうとおりに　やってごらん。」

　そうたは，ゆうひの　いうとおりに　しましたが，ばったは　ぼうしと　草のすきまを　ぬって　にげていきました。ゆうひの　いうとおりに　なんかいやっても，なかなか　つかまえることが　できません。

　「やっぱりだめだ。ぼくにはむりだよ。」

　そうたは，ゆうひを　見つめながら，なきそうなこえで　いいました。

　「そうたくん。だいじょうぶだよ。しょくいんしつ　まえの　クローバーの　草むらにはばったがたくさん　いたからいってみようよ。あそこなら　きっとつかまえられるよ。」

42

ゆうひは，しょんぼり　しているそうたの　手をひっぱって，先生がいっていた　クローバーの　草むらに　つれていきました。

「見て，そうたくん。ばったが　たくさんいるよ。けがをしないように　うえ木に　気をつければいいんだよ。ここなら　ぜったい　そうたくん　たくさん　つかまえられるよ。」

　そうたは，からっぽの　むしかごを　見ながら，心ぱいそうにいいました。
「でも，先生が　けがをしては　いけないから　ここは　入っては　だめだって　いってたよ。ゆうひくん，ぼくは　どうしたらいいの。」

　ばったを　つかまえさせたい　気もちでいる　ゆうひくんも，かんがえこんでしまいました。

ゆうひは，そうたくんに　どういえばいいのでしょう。

◆このままクローバーの草むらでつかまえよう。
◆さっきのすべりだいのそばの草むらでつかまえよう。

（岡田　達也　作）

第2章　新モラルジレンマ教材と授業展開　43

❶ 「ばったとり」の授業実践

(1) 主題名「友達について考える」　　**教材名**「ばったとり」

(2) 主題設定の理由（ねらい）

　児童に，友達の大切さについて考えることをねらいとして，本主題を設定した。「B－(9)友情・信頼」と「C－⑩規則の尊重」との間で起こる道徳的価値葛藤を通して，友だちにとってどうすることが大切なのかについて考えさせたい。

(3) 教材について（タイプⅡ）

　主人公のそうたは，ゆうひと幼なじみで大の仲良しである。おとなしいそうたは，活発なゆうひをとても頼りにしていた。2人は，生活科の「虫さがし」の学習でばったをつかまえて観察することになった。

　ゆうひはばったを上手につかまえていくが，そうたは何回やってもつかまえることができず泣き出しそうになる。ゆうひは，そんなそうたくんにばったを1ぴきでもつかまえさせたくて，ばったがたくさんいるクローバーの草むらに連れて行った。しかし，そこは先生からうえ木でけがをしてはいけないから，先生から入ってはいけないと言われている場所である。

　そうたの気持ちを知っているゆうひは，どうすべきか，考え込んでしまう。

(4) 学級の実態　（略）

(5) 価値分析表

　コールバーグの道徳性の発達段階に照らして，予想される児童の反応を表1に示した。

表1　価値分析表

クローバーの草むらでばったをつかまえる	前の場所にもどってばったをつかまえる
段階0　自己欲求希求志向	
・もどるのはめんどうくさい。 ・ばったがたくさんいる。	・前の場所がすき。 ・みんながいるから。
段階1　罰回避と従順志向，他律的な道徳性	
・ばったをとってこないと先生に叱られる。	・先生に入ってはいけないと言われている。 ・先生に叱られるからいやだ。
段階2　個人主義・道具的な道徳性	
・ぼくの言う通りにしないと，これから一緒に遊ばないよ。 ・ばったをつかまえるためには，ここしかない。 ・けがしないようにすれば，先生は許してくれる。	・無理をしてけがをしたら，2人とも叱られる。 ・約束を守って虫とりしたことがほめられる。 ・約束を破ってばったをとっても先生は喜んでくれない。

❷ 授業展開（1時間扱いの授業展開）

配時	学習活動と主な発問	指導上の留意点
導入 5分	1．教材の内容に興味を持つ。 ○虫さがしの時，どんな気持ちだったかな。	・虫の写真を見せ，生活科で行った虫さがしを想起させ，児童の興味関心を高める。
展開 前半 13分	2．教材「ばったとり」から主人公の置かれた状況を読み取り，道徳的ジレンマに直面する。 ○ゆうひとそうたは，どんな友だちですか。 ○ばったをつかまえることができないそうたは，どんな気持ちだろう。 ○そうたをクローバーの草むらに連れて行ったゆうひは，どんな気持ちだろう。	・教師が範読する。 ・2人は幼馴染みで，そうたがゆうひに頼り切っている関係について理解させる。 ・つかまえることができず，あきらめそうになっているそうたの心情を理解させる。 ・どうしてもそうたにばったをつかまさせたいゆうひの気持ちを理解させる。
展開 中 5分	3．読み取りの誤りを修正したり，道徳的価値の生起する状況を共通理解することにより，主人公に役割取得し，道徳的葛藤を共通理解する。 ○ゆうひは，どうして考え込んだんだろう。	・ゆうひの葛藤状況を確認し，道徳的葛藤をきちんと把握させる。
展開 後半 15分	4．道徳的葛藤の場面で主人公はどうすべきかを判断し，その理由づけをする。 ◎ゆうひは，そうたにどう言えばいいのだろう。 《このままばったをつかまえるように言う》 《前の場所でばったをつかまえるように言う》 5．自分と異なる判断・理由づけを踏まえて，自分の判断・理由づけを確かなものにする。 ○もし，ばったをつかまえられなかったら，そうたはどんな気持ちになるだろう。 ○もし，ばったをつかまえても，先生の言うことを破ったらどうなるだろう。	・ネームプレートを黒板に貼らせ，児童個々の判断を明確にして話し合わせる。 ・理由を話し合う場面では，「友情・信頼」と「規則尊重」という論点を明確にさせるとともに，対比して板書する。 ・役割表現を取り入れ，先生がそうた役となり，論点をもとにゆうひ役の児童をゆさぶるようにする。
終末 7分	6．道徳的葛藤の場面で主人公はどうすべきかを再度判断し，自分の最も納得する理由づけを行う。 ◎ゆうひは，そうたにどう言えばいいのだろう。	・最終の判断・理由づけをワークシートに書かせる。その際，板書を参考に話し合いを想起させ，自分の一番納得できる意見を取り入れるよう指示する。

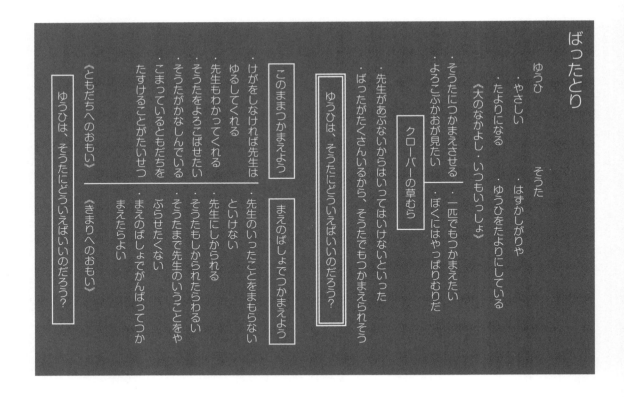

❸ 授業を行う上での留意点

　導入段階では，生活科の虫探しの写真や捕まえた虫の写真などを見せ，友だちと一緒に虫を探した楽しさを想起させ，教材への興味・関心を高める。展開前半の道徳的葛藤を把握する場面では，ゆうひとそうたとの関係性と，そうたのことを考えて1匹でもばったを捕まえさせたいというゆうひの思いを理解させることが重要である。そこで，生活科の時の児童の姿と関連させながら捉えさせていく。同様に，職員室前のクローバーの草むらに入ってはいけないという決まりについても，学校における生活の決まりと関連させて押さえていく。

　展開後半では，「ゆうひはどう言うべきか」について，まずはじめの判断をワークシートに○をつけさせ，自分の判断を明確にさせるとともに，集団討論（全体・小集団）を効果的に進めるために，ネームプレートを黒板に貼らせ児童一人ひとりの判断が全員にわかるようにする。また，論点を絞って再度考えることができるように，教師と児童による役割表現の場を設ける。具体的には，教師がそうた役となり，そうた役の児童に，「友情・信頼」と「規則尊重」という道徳的価値から揺さぶりをかける。その際には，役割表現を見ている児童からも意見を発表させ，全員が参加できるよう配慮する。終末では，板書を活用して論点（「友情・信頼」と「規則尊重」）を押さえ，自分なりの判断・理由づけを行うよう指示する。

ばったとり

ねん　くみ　ばん
なまえ

◇ゆうひは，そうたにどういえばいいのでしょう。あなたがおもうほうに○をつけましょう。

【はじめのかんがえ】
・このままクローバーの草むらでつかまえよう。
・さっきのすべりだいのそばの草むらでつかまえよう。

【おわりのかんがえ】
・このままクローバーの草むらでつかまえよう。
・さっきのすべりだいのそばの草むらでつかまえよう。

どうしてそうおもうか，わけをかきましょう。

⑥ 犬とてつぼうと

```
対　象
小学校1～2年生
内容項目
D－(18) 動物愛護
A－(1) 責任感
```

　「いってきま〜す！」とけんたくんが学校にでかけようとすると「わん，わん，」とあさからげん気よくおくり出してくれるのは犬のポチです。けんたくんがようちえんのときにすて犬だったポチをいえにもちかえったとき，おとうさん，おかあさんに，「けんたがせきにんをもってせわをするならかってもいいだろう。」といわれました。けんたくんは「うん，ぼくぜったいにきちんとせわをするよ。」とやくそくしました。けんたくんにはきょうだいがいなかったのでポチのことをおとうとのようにおもいました。それいらいポチのえさやりとさんぽは，けんたくんのしごとになりました。

　小学校に入ってからもけんたくんは学校がおわるとすぐにいえにかえってポチにえさをやります。そのあといえのすぐまえのこうえんにポチをつれていくことになっていました。1年生になってから，けんたくんは，いつもおなじくらいのじかんに学校からかえってくるので，ポチは，そのころになるとけんたくんのかえるのをこころまちにして，すがたがみえるととてもうれしそうにしっぽをふってむかえます。

　小学校に入ってともだちもふえ，あそびもたのしくなってきたけんたくんは，ある日いつものようにポチにえさをあげたあと，ともだちのさそいでさんぽをせずにあそびにいってしまいました。その日のよる，けんたくんのおかあさんから，けんたくんがポチをさんぽさせずにあそびにいったことをきいたおとうさんは，「けんた，ともだちもたいせつだけど，やくそくをまもることはもっとだいじだぞ。」とけんたくんにいいました。

　けんたくんもそれをきいて「ごめんなさい。これからはポチとのさんぽをすませてからあそびにでかけるよ。」と，もういちどおとうさんとやくそくをしました。

　あきのうんどうかいをひかえ学校のたいいくのじゅぎょうでてつぼうがはじまりました。

　けんたくんは　まえまわりはできるのですが，まださかあがりができません。でもがんばってじゅぎょう中にいっしょうけんめいれんしゅうしたのであとすこしでできるようになりそうです。

　けんたくんのがんばりを見まもってくれていた先生が「けんたももうちょっとでできるから，ほうかごいっしょにれんしゅうしよう。」と，けんたくんにこえをかけました。けんたくんもさかあがりができるようになりたかったので「はい，やります！」とこたえてしまいました。

じゅぎょうのおわりのチャイムがなりました。先生とやくそくしたてつぼうのれんしゅうまで少し時間があります。けんたくんはポチのせわをする時間までに，いえにかえれるか気になりだしました。けんたくんは，これからかえってポチのせわをするか，先生とてつぼうのれんしゅうをするかまよってしまいました。

じゅぎょうのおわりのチャイムがなるのをきいて，早くかえってポチのせわをするか，先生とてつぼうのれんしゅうをするかまよってしまいました。

けんたくんは，どうするのがよいでしょう。

◆かえってポチのせわをする。
◆先生とてつぼうをする。

（榊原 博美　作）

❶ 「犬とてつぼうと」の授業実践

(1) **主題名**「動物愛護・責任・約束について考える」　　**教材名**「犬とてつぼうと」

(2) **主題設定の理由（ねらい）**

　自分に有益な機会を得ることと自分がした約束や責任，動物への思いやりとが拮抗した状況での判断について考えることをねらいとして，本主題を設定した。この教材での中心価値は，「動物愛護・責任・約束」であるがそれと自身にとっての有益なことの間で起こる道徳的な価値葛藤の解決が問題となる。

(3) **教材について（タイプⅡ）**

　主人公のけんたは元気な子どもである。飼い犬のポチを弟のように可愛がっている。他方で学校でのけんたは，体育の鉄棒で逆上がりができないことを自分の課題と捉えている。そんな折に，担任から逆上がりを練習させてもらえるという，けんたにとって有益となる機会に恵まれた。この場合コールバーグの正義と公正の道徳に対して，その後の発展の中でアイゼンバーグが提唱したプロソーシャル（向社会的）な道徳に対するジレンマが問題となる。プロソーシャルな道徳性に関してはこれまで日本の学校現場の道徳において意識的には扱われてきていなかったが，二宮らの研究（二宮・宗方1985）などが示すように幼児期においても向社会的な道徳性の芽生えは確認されてきており，いじめ問題など低学年からの「思いやり」や「親切」といった愛他的な道徳が求められる今日においてそのような道徳性を踏まえたジレンマを教材化することには意義があると考えた。

(4) **学級の実態**　（略）

(5) **価値分析表**

　コールバーグの道徳性の発達段階に照らして，予想される児童の反応を表1に示した。

表1　価値分析表

帰ってポチの世話をするべき	先生と鉄棒をするべき
段階0　自己欲求希求志向	
・ポチが好きだから。	・先生が好きだから。 ・練習がしたいから。
段階1　罰回避と従順志向，他律的な道徳性	
・ポチは家族だから。 ・お父さんお母さんに叱られるから。	・担任の先生にいわれたことだから。 ・やらなければ先生はがっかりする。
段階2　個人主義，道具的な道徳性	
・ポチがおなかがすいてかわいそう。 ・両親にえらかったんだねといわれたい。	・先生と練習してほめられたい。 ・あとから世話をすればよい。 ・練習しなければできるようにならない。

❷ 展開（１時間扱いの授業展開）

配時	学習活動と主な発問	指導上の留意点
導入 前半 10分	○動物は好きですか？　飼っている人はいますか？ ・場面絵を見ながら教材の話を聴く。 ○けんたくんはどんな約束をしていたかな？ ・帰ったらポチの世話をする約束。 ○先生に鉄棒の練習をしようと言われた時のけんたくんはどんな気持ちになったのでしょう？	・簡単な導入に続き，場面絵を提示しながら教材読みを行う。 ・机は後ろに集め，椅子だけを用意しておく。
導入 後半 8分	○お話を聴いて，けんたくんはどうするのがよかったでしょう？　けんたくんの気持ちになって考えましょう。 ・自分の判断で椅子を持って黒板中央に向かって右と左に移動する。 ・判断と理由を(1)判断・理由づけカードに記入する。	・中心に主人公の顔の絵を貼り左右に犬の絵と鉄棒の絵を黒板に貼っておき中央に線を引いて教室を半分に分け椅子を持って移動する。
展開 20分	・各自自分の判断・理由を発表する。 ○自分と違った意見の人の話もよく聴いてね。理由を聞いてもなぜそう考えたかわからなかったら質問してください。 ・子どもの発表が少ない時には，(2)書き込みカードに，賛成・反対（○×）意見や質問を記入する。 ○もし早く帰らなかったら，ポチはどんな気持ちになるだろう。（Y）・悲しい，お腹がすく ○でも，せっかく逆上がりが上手くなれるチャンスなんだよね。（Y） ○けんたくんがポチの世話をしていなかったらお父さんはどう思うかな。（K）・がっかりする，怒る ○「はい，やります！」と言ったのに帰ってしまったら先生はがっかりするでしょうか。（K） ○担任の先生とのことだから，家族との約束を破ってもよいのだろうか。（N）	・それぞれの理由について発表したことを板書する。 ・帰って犬の世話をするほうがよいと考えている子どもには，鉄棒の上達につながることやせっかくのチャンスであることを伝える。鉄棒をするほうがよいと考えている子どもには，ポチはどんな気持ちになるか，お父さんとはどんな約束をしたのかなどを思い出させる。 ・役割取得を促す発問（Y），結果を類推する発問（K），認知的不均衡を促す発問（N）でディスカッションを方向づけ，児童の思考を深める。
終末 7分	○他の人の意見も聞いたら考えが変わったとしてもよいのでもう一度けんたくんになった気持ちでカードに記入してください。 ◎けんたくんは，どうすればよかったでしょう（H）。	・机を元にもどし各自，(3)「判断・理由づけカード」への記入を行う。

❸ 授業を行う上での留意点

　本教材では，動物愛護，思いやりや約束・責任を尊重することと同時に，自分にとって有益となる機会との，どちらを選択するのかという観点で話し合うことで，向社会的，愛他的な道徳について包括的に考えることをねらいとする。

　低学年ということで，モラルディスカッションでは，まず，けんたの立場を役割取得した上で，自由に意見を発表する。また擬人化が特徴的な発達段階として犬にも感情移入する場合が予想されることからポチにも役割取得の機会を設ける。

　教師は，それぞれの考えを否定することなく，揺さぶりをかける質問をしながら，
○もし帰らなければポチはどう思うだろう。（ポチへの役割取得）
○けんたくんが遅く帰ったらお母さんはどう思うかな。（行為の結果の類推）
○先生の提案だから，家族との約束を破ってもよいのだろうか。（認知的不均衡を促す）

　その後，他の子どもの意見を聞いた上で再度判断させ，それをカードに記入させる（時間の関係で(3)判断・理由づけカードだけを扱うことも可）。

　低学年であるので，先にカードを記入するよりも，まずはけんたへの役割取得だけで判断させ，座席移動という方法で行動してから意見を自由に引き出すほうが効果的であると考える。

　動物への思いやりや約束を守ることが重視されることを期待しながらも，鉄棒の練習を選択する行為も一概には非難されるべきものではなく，担任の提案を受け入れることも尊重できるようにしたい。

板書計画

【引用文献】
二宮克美・宗方比佐子　1985　「プロソーシャルな道徳的判断に関する研究展望」『名古屋大学教育学部紀要』

ワークシート

犬とてつぼうと

なまえ

ねん	くみ	ばん

(1) はんだん・りゆうづけカード

けんたくんは，どうすればよかったでしょうか。（○をつける）	
かえってポチのせわをする（　）	先生とてつぼうをする（　）
そうかんがえたりゆう（わけ） 	

(2) かきこみカード

かえってポチのせわをする			先生とてつぼうをする		
りゆう	○×	いけんやしつもん	りゆう	○×	いけんやしつもん
1．ポチがすき。			1．先生がすき。れんしゅうしたい。		
2．ポチはかぞく。おとうさんにしかられる。			2．たんにんの先生からのさそいだから。先生ががっかりしそう。		
3．ポチがかわいそう。ちゃんとやくそくをまもったことをほめられたい。			3．あとからせわをすればよい。れんしゅうしなければさかあがりができない。		

(3) はんだん・りゆうづけカード

けんたくんは，どうすればよかったでしょうか。（○をつける）	
かえってポチのせわをする（　）	先生とてつぼうをする（　）
そうかんがえたりゆう（わけ） 	

第2章　新モラルジレンマ教材と授業展開 | 53

⑦　だれとペアに？

> **対象**
> 小学校1〜2年生
> **内容項目**
> B−(6)　親切，思いやり

　ゆみさんは，気持ちのやさしい小学2年生の女の子。いつも，まわりには友だちがいて，お話をしたり，遊んだりしています。中でも，あきという活発な近所の女の子とは，幼稚園のときからずっと同じクラスで，休み時間もいっしょにすごすことの多い友だちでした。

　そのゆみさんの学級に，5月から，みほさんという転校生がやってきて，ゆみさんのとなりの席になりました。

　「みほさんは，新しい学校でわからないこともあると思うから，ゆみさん，いろいろと教えてあげてくださいね。」と担任の先生が言いました。

　ゆみさんは，にっこりして「はい。」とへんじをしました。

　みほさんは，とてもおとなしく，しずかな女の子でした。また，はじめての転校ということで，毎日をきんちょうして，すごしていることも，ゆみさんにはわかりました。そんなみほさんを思って，ゆみさんは毎日やさしく話しかけ，学校のことを教えてあげました。

　みほさんもそのことがとてもうれしく，日に日に，ゆみさんを心の友として話せるようになってきました。

　そんなある日，学級活動の時間で，2人1組のペア活動をすることになりました。この活動は4月から何回か行われていますが，4月のはじめは担任の先生がペアを決めていました。しかし，5月からは「学級のだれとでもなかよくできるように」ということで，先生は，この活動にかぎって自分たちでペアを決めさせていました。（毎回，同じ人とならないというきまりで）

　「ねえ，ゆみさん，ペアになってくれる。」と聞こえるか聞こえないかという小さなふるえるような声で，みほさんが言ってきました。

　みほさんが自ら話してきたことにおどろいたゆみさんは，その気持ちもよくわかったので，「うん，いいよ，いっしょにやろうね。」とにっこりしてへんじをしました。

　ほっとしたようすで下を向いて，「やった。よかった。」とこっそり言うみほさんを見て，また，ゆみさんも，こっそりとほほえんだのでした。

　その日の休み時間，ゆみさんが水のみ場で水をのんでいると，あきさんがやってきて，「ゆみ，今度はペアになれるよね。」と話してきました。

　それを聞いたゆみさんは，「はっ」としました。

54

じつは,ゆみさんは前回の学級活動の後,あきさんから「前も,その前もいっしょになれなかったし,今度はぜったいペアになろうね。やくそくだよ。」と言われて,「そうだね。わかった。ぜったいペアになるよ。」とへんじをしていたことを思い出しました。
　あきさんは,にこにこして教室にもどっていきました。
　「あっ,どうしよう。」ゆみさんは,心の中でさけびました。

　まだなれない生活で,よく話せる友だちもいないという心配もある中で,自分とペアで活動したいと思い,不安ながらも自分に話してきたみほさんの気持ちを大切にしたいと考える一方で,これまでいろいろなことを2人でやってきたけれど,さい近は別々のペアだったので,今度はいっしょにというあきさんとの前々からのやくそくも今回は守りたいし……。
　ゆみさんは,どうすべきかでまよってしまいました。

ゆみさんは,みほさんとあきさんのどちらとペアになるべきですか。

◆みほさんとペアになるべき。
◆あきさんとペアになるべき。

(楜澤　実　作)

❶ 「だれとペアに？」の授業実践

(1) **主題名**「相手を思いやる」　　**教材名**「だれとペアに？」

(2) **主題設定の理由（ねらい）**

　小学校低学年の道徳性の実態は，自己中心的に考えたり，自分自身の利害の関心や欲求と一致するように行動したりする時期に当たる。この発達は，権威者の持つ権力に従うことが正しく，また，すべての者が自分自身の利害関心を満たすために正しいことを行うという状況等で見て取れる。学校における「親切・思いやり」については，自分の利害関係を中心としたものから，他者へ目を向け，温かい心で接し親切にしていこうとすることが，より良い友だち関係を築くことへつながるということに気づかせていきたいと考え，本主題を設定した。

(3) **教材について（タイプⅠ）**

　ゆみさんは，誰とでも優しく接することのできる女の子である。そのゆみさんの学級に，物静かで消極的なみほさんが転校してきて隣の席になった。ゆみさんは，先生からの「新しい学校でわからないこともあると思うから，いろいろと教えてあげてくださいね。」という話をしっかりと受け止め，みほさんを気遣う中で次第に仲良くなっていく。そんなある日，学級活動の時間に，2人1組で活動するためのペア決めをすることになった。ゆみさんは，「ペアになってくれる。」と，小さい声で申し出るみほさんに，快く了解する。しかし，その日，水飲み場で，幼稚園からの友だちであるあきさんと会い，「今度はペアになろうね。」という前々からの約束を思い出す。ゆみさんはどう返事をするべきかで迷い困ってしまうという，低学年でよく見られる場面状況を取り上げている。

(4) **学級の実態**　（略）

(5) **価値分析表**

　コールバーグの道徳性の発達段階に照らして，予想される児童の反応を表1に示した。

表1　価値分析表

みほさんとペアになるべき	あきさんとペアになるべき
段階1　罰回避と従順志向，他律的な道徳性	
・先生からみほさんを助けるようにつよく言われている。	・あきさんからきらわれるから。
段階2　個人主義・道具的な道徳性	
・ペアになると，みほさんがよろこんでくれるし，先生からほめられる。	・前々からのやくそくをやぶると，これからあきちゃんはいっしょにあそんでくれなくなる。
段階3　良い子志向，対人的規範の道徳性	
・てんこうせいのみほさんのねがいを知ったら，友だちのあきさんなら，わかってくれる。	・ずっと前からペアになるとやくそくしていたのに，やぶるとこれから信用してもらえなくなる。

❷ 展開（1時間扱いの授業展開）

配時	学習活動と主な発問	指導上の留意点
導入 15分	1．人から親切にしてもらった経験を想起する。 ○人から親切にしてもらったことがありますか。それはどんなことですか。 ○その時，どう思いましたか。 2．教材「だれとペアに？」を読む。 3．道徳的ジレンマに直面し，道徳的価値の生起する状況を共通理解する。 4．最初の判断と理由を(1)「判断・理由づけ」カードに書く。	・指名し，発表させる。 ・教師による範読。（場面絵を提示しながら教材読みを行う） ・葛藤状況を確認する。 ・判断を確認する。（挙手やネームプレートを使用）
展開 前半 10分	5．様々な理由づけに対して相互に意見を述べ合い，論点を明らかにしていく。 6．意見があまり出ない時には，(2)「書き込みカード」を使って，賛成や反対（○×）の意見を書く。 ○賛成・反対意見を自由に言おう。 　みほさんとペアになるべき 　・みほさんに嫌われるから。 　・転校生であり，まだ学級に十分なれていないみほさんの願いを聞いてあげることが大切だから。　など 　あきさんとペアになるべき 　・あきさんに嫌われるから。 　・前々から約束していたのだから，どんな理由であれ，あきさんとペアになる。　など ＊様々な理由づけに対して相互に意見を述べ合い，論点を明らかにしていく。	・意見が散らばらないように，同じ部分についての意見を発表させる等，進め方を工夫する。 ＊時間をとり，自分の考えを持てるように配慮する。 ・教師は対立点がわかるように児童の意見を板書する。
展開 後半 15分	7．論点を絞り，さらに意見を出し合う中で，自分の考えを確かなものにしていく。 ○もし，ゆみさんが，みほさんからのお願いを断ったとしたならば，どのようなことが起こるだろうか。（K） ○もし，ゆみさんが，あきさんからの約束を断ったとしたならば，どのようなことが起こるだろうか。（K） ○もし，自分がみほさんだったとしたなら，ゆみさんから断られた時，どのような気持ちになるだろうか。（Y） ○もし，自分があきさんだったとしたなら，ゆみさんから断られた時，どのような気持ちになるだろうか。（Y）	・役割取得を促す発問（Y），結果を類推する発問（K），認知的不均衡を促す発問（N）等で，ディスカッションを方向づけ，児童の思考を深める。 ・左記の発問をすべて用いるのではなく，ディスカッションの流れに応じて適宜用いる。 ＊低学年の発達段階を踏まえ，役割演技を取り入れるなどして，

	○みほさんのお願いを断ることは，みほさんへの思いやりの心がないと言えるだろうか。（N） ○あきさんとの約束を断ることは，あきさんへの思いやりの心がないと言えるだろうか。（N） など	他の人への役割取得を促すようにしていく。
終末 5分	8．道徳的葛藤の場面で主人公はどうすべきかを再度判断し，自分の最も納得する理由づけを行う。 ◎ゆみさんは，みほさんとあきさんのどちらとペアになるべきですか。それは，なぜですか。	・2回目の判断を行い，「判断・理由づけカード」へ記入する。 ・板書を眺め，納得できる意見を取り入れるよう指示する。

板書計画

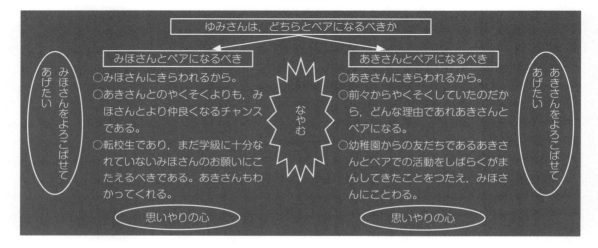

❸ 授業を行う上での留意点

　本教材は，学級活動のペア決めで，ゆみさんが，みほさんとあきさんのどちらと一緒になるべきかの悩みを描いたものである。ゆみさんが置かれた状況を正確に理解し，ゆみさんのとるべき行動について話し合わせることにより，相手を思いやり，親切にすることの大切さを深く考えさせたい。

　教材前半では，ゆみさんが，転校生みほさんのために，毎日優しく親切に関わっていることを理解させ，相手を思いやる行為に着目させたい。教材後半では，ゆみさんは，あきさんとの前々からの約束「今度はぜったいペアになろうね。」という約束を思い出し，どちらと一緒になるのかで悩む場面を，みほさんとあきさんの思いや気持ちに着目させ理解させたい。そして，ゆみさんの立場で，「みほさんとペアになるべきか，それとも，あきさんとペアになるべきか」の判断を各自で下し，話し合いをさせることにより，相手の意見や根拠に触れ，自分の判断の理由づけを深めることで，身近にいる人に温かい心で接し，親切にすることの大切さについて考えさせたい。

ワークシート　だれとペアに？

　　　なまえ　　　　ねん　　くみ　　ばん

このようなばあい，あなたならどうすべきだと考えますか。

(1)　1かいめのはんだん・りゆうづけカード

みほさんとペアになるべき	あきさんとペアになるべき
そうかんがえたのは，なぜですか？	

(2)　かきこみカード

みほさんとペアになるべき			あきさんとペアになるべき		
りゆう	○×	いけんやしつもん	りゆう	○×	いけんやしつもん
1．みほさんからきらわれるのは，いやだ。			1．あきさんからきらわれたくないし，おこられたくない。		
2．あきさんとのやくそくよりも，みほさんともっとなかよくなるチャンスがたいせつだ。			2．前々からのやくそくをやぶると，あきさんはこれまでのようにいっしょにあそんでくれなくなる。		
3．みほさんのもうしでにこたえることがだいじである。あきさんも友人としてわかってくれる。			3．ずっと前からペアになるとやくそくしていたのに，やぶるとうそつきだとせめられる。		

(3)　2かいめのはんだん・りゆうづけカード

みほさんとペアになるべき	あきさんとペアになるべき
そうかんがえたのは，なぜですか？	

第2章　新モラルジレンマ教材と授業展開　59

小学3～4年

① おかあさんとすてねこ

対　象
小学校3～4年生
内容項目
C－⑭ 家族愛・家庭生活の充実
D－⑲ 自然愛護

　つとむくんは，小学校3年生。明るく元気な男の子です。
　ある日，家から30分ほどはなれた友だちの家に，遊びに行きました。その帰り道のことです。
　どこかで "ミャー" と，声がしました。つとむくんが，「おや」と思ってあたりを見まわすと，道ばたに　ダンボールばこがおいてありました。中に，まっ白でとてもかわいい子ねこが入っていました。はこには，
　「だれか　もらってください。」
と，書いてあります。つとむくんがねこをだきあげると，子ねこはふわふわでやわらかく，つとむくんのほっぺをペロペロなめました。
　「わあ，かわいい。ようし，家につれて帰ろう。」
　つとむくんは，その子ねこをだきかかえて，走って家に帰りました。

　「ただいま。」
　「おかえり。まあ，そのねこどうしたの。」
　つとむくんが，子ねこを家につれて帰ると，お母さんがおどろいて聞きました。
　「道でひろったんだ。すごくかわいいの。ねえ，かってもいいでしょう。」
　つとむくんはお母さんにたのみました。けれどもお母さんは，おこったような声で言いました。
　「だめです。うちには犬のジョンがいるでしょう。もう，かえません。ジョン1ぴきだって1人ではめんどうみきれないのに，ねこなんてこまります。」
　「でも……。」
　「でもじゃありません。もとのところに返してきなさい。ほらほら，見てごらんなさい，ようふくがねこの足あとでいっぱい。お母さんのおせんたくだってたいへんなのよ。」
　つとむくんが自分のきているようふくを見ると，本当に，ねこの足あとだらけでした。つとむくんはしかたなく，もといたはこに，子ねこを返しに行きました。
　「いい人にひろわれるといいな。」
　その夜，つとむくんはお母さんと話をしました。
　「いい，つとむ。もうねこなんてひろってきちゃ，だめよ。」
　「はい。」
　つとむくんは，しぶしぶ返事をしました。

それから1週間がたちました。つとむくんは，もう子ねこのことなどわすれていました。
　とてもさむいある日の夕方，つとむくんは，また同じ道を家にむかって歩いていました。帰りがいつもよりおそくなり，雪もちらちらまってきました。お母さんが，雪がふるって言ってたけど，本当にふってきたよ。早く帰ろう。そう思って走りかけると，また"ミャー"と小さななき声がしました。
　「そういえば，あの子ねこ，どうしたかな。」
　子ねこのことを思い出したつとむくんが，この間ねこがすてられていたところに行ってみると，子ねこは，まだダンボールばこの中にいました。
　「あの時の子ねこだ。だれにもひろわれなかったんだ。」
　つとむくんは，思わず立ち止まってしまいました。
　子ねこは，なんだか元気がなく，はこにぐったりよこたわっています。
　つとむくんを見上げると，またよわよわしく"ミャー"となきました。ずいぶんよごれて，まっ白だった毛もどろだらけです。
　つとむくんは，かわいそうになって，子ねこをみつめました。
　雪がだんだんふってきました。つとむくんは，子ねこをつれて帰りたくなりました。

> つとむくんは，子ねこを家へつれて帰るべきでしょうか。つれて帰るべきではないでしょうか。

◆つれて帰るべき。
◆つれて帰るべきではない。

（大島　貴子　作）

第2章　新モラルジレンマ教材と授業展開 | 61

❶ 「おかあさんとすてねこ」の授業実践

(1) **主題名**「生き物のことを考えて」　　**教材名**「おかあさんとすてねこ」

(2) **主題設定の理由（ねらい）**

　低学年から中学年にかけては，自然や動植物に優しく接しようとする心を育てることが求められる。そのためには，自然や動植物の持つ生命，ともに生きている実感などを，自然や動植物と触れ合うことを通して感じ取ることが重要となる。学校教育の中では，特に，低学年での生活科や中学年での理科で生き物を飼育したり観察したりする活動がその中核を担う。そしてそれらの学習を踏まえて，身近なところから少しずつ自分たちにできることを実行しようとする意欲を高めることが大切である。一方，中学年の段階では，行動的になり，気の合う仲間同士で行動することを好むようになり，これまで柔順だった子が，反発したり，強く自己主張したりするようになる。つまり自我が芽生え始める時期である。

　本主題では，生き物の命を愛おしく思う心と家族との約束との間の葛藤場面を扱うことにより，自我が芽生えつつある段階の子どもたちの生き物との接し方について包括的に考えることとする。

(3) **教材について（タイプⅡ）**

　主人公のつとむは小学3年生。ある日，友だちの家からの帰り道，道端のダンボールの箱の中の子猫を見つける。つとむは家へ連れて帰るが，お母さんは，家に犬のジョンがいることと，ジョンを飼う時の世話をする約束が守られていないことから，子猫を飼うことに反対する。つとむは子猫を元の箱に戻し，もう連れてこないと約束する。それから1週間後，同じ場所を通りかかったつとむは，ダンボール箱に入ったままの薄汚れ，やつれてしまった子猫を見つける。つとむは子猫をどうすべきか。

(4) **学級の実態**　　（略）

(5) **価値分析表**

　コールバーグの道徳性の発達段階に照らして，予想される児童の反応を表1に示した。

表1　価値分析表

連れて帰るべき	連れて帰るべきでない
段階1　罰回避と従順志向，他律的な道徳性	
・子ねこをかいたいから。 ・子ねこがかわいそうだから。	・ふくがよごれるから。 ・お母さんにしかられるから。
段階2　個人主義，道具的な道徳性	
・このままだと死んでしまうかもしれないから。	・ジョンの世話も1人でできないから。
段階3　良い子志向，対人的規範の道徳性	
・生き物の命は何よりも大切だから。	・お母さんとの約束は守らないといけないから。

❷ 展開（２時間扱い及び1.5時間扱いの授業展開）

●第１次の授業（1.5時間扱いの場合は，第１次を行わず，朝自習や宿題で各自教材を読み，１回目の判断・理由づけを行う。）

配時	学習活動と主な発問	指導上の留意点
展開 40分	主人公のおかれた状況を読み取り，道徳的ジレンマに直面する。 読み取りの誤りを修正したり，道徳的価値の生起する状況を共通理解することにより，主人公に役割取得し，道徳的葛藤を共通理解する。 ○学校や家で生き物を飼ったことがありますか。 　その時，どんな気持ちでしたか。 ○つとむくんが最初に子猫を見つけた時，子猫はどんな様子でしたか。 ○その時つとむくんはどんなことを考えましたか。 ○お母さんは，なぜ子猫を飼ってはいけないと言ったのですか。 ○つとむくんはお母さんとどんな約束をしましたか。 ○１週間後に子猫を見た時，子猫はどんな様子でしたか。	・生き物を飼った経験を想起させる。 ・最初に子猫を見つけた時の様子とつとむくんの気持ちを考えさせる。 ・お母さんの言う子猫を飼ってはいけない理由と，お母さんとの約束を確認する。 ・２回目に子猫を見つけた時の子猫の様子を確認する。
終末 5分	道徳的葛藤の場面で主人公はどうすべきかを判断し，その理由づけをする。 ◎つとむくんはどうすべきだろう。（H）	・１回目の「判断・理由づけカード」への記入を行う。

●第２次の授業の準備

○１回目の判断・理由づけカードの内容を整理し，第２次で用いる書き込みカードを作成する。
○書き込みカードの「理由」部分を拡大したものを黒板掲示用に作成する。
○１回目の判断・理由づけから，論点になりそうな部分を予想し，発問を準備する。

●第２次の授業

配時	学習活動と主な発問	指導上の留意点
導入 前半 5分	状況把握の再確認と道徳的葛藤の明確化を行う。 ○つとむくんは，何を迷っているのですか。 ○なぜ迷っているのですか。	・つとむくんの迷いを確認する。
導入 後半 5分	学級全員の理由づけを分類した「書き込みカード」に自分の意見を書き込むことにより，自分とは違う他者の考えに気づく。 ○賛成・反対（○×）意見や質問をカードに書こう。	・「書き込みカード」に自分の意見を書き込むことでモラルディスカッションへの準備を行う。 ・発言が苦手な児童の意見表明の場とする。
展開 前半 10分	いろいろな理由づけに対して相互に意見を述べ合い，論点を明らかにしていく。 ○賛成・反対意見を自由に言おう。	・書き込みカードの「理由」の部分を拡大して黒板に掲示する。 ・意見が散らばらないように，同じ部分についての意見を発表させる等，進め方を工夫する。 ・教師は対立点がわかるように児童の意

第２章　新モラルジレンマ教材と授業展開　63

		見を板書する。
展開 後半 20分	論点を絞り，さらに意見を出し合う中で，自分の考えを確かなものにしていく。 ○もし連れて帰らなかったら子猫はどうなるだろう。（K） ○もし連れて帰って弱っている子猫を見たら，お母さんはどう言うだろう。（Y） ○つとむくんはジョンの世話もできないのに子猫の世話ができるのだろうか。（N）	・役割取得を促す発問（Y），行為の結果を類推する発問（K），認知的不均衡を促す発問（N）で，ディスカッションを方向づけ，児童の思考を深める。 ・左記の発問をすべて用いるのではなく，ディスカッションの流れに応じて適宜用いる。
終末 5分	道徳的葛藤の場面で主人公はどうすべきかを再度判断し，自分の最も納得する理由づけを行う。 ◎つとむくんはどうすべきだろう。（H）	・2回目の「判断・理由づけカード」への記入を行う。 ・板書を眺め，納得できる意見を取り入れるよう指示する。

第2次の板書計画

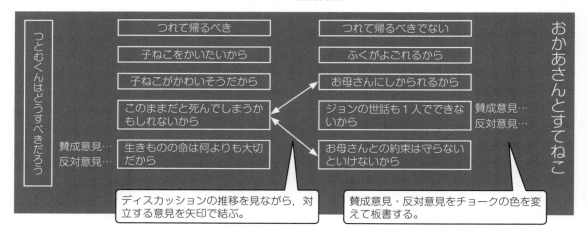

❸ 授業を行う上での留意点

　第1次判断・理由づけ及び自由なディスカッションでは，「かわいそう」「死んでしまうかもしれない」という理由で，「連れて帰る」という意見が大勢を占めることが予想される。これは，弱い生き物を助けたいというごく自然な思考である。しかし，お母さんが飼ってはいけないと言った理由や約束，そしてそれがつとむくん自身の行いから生じていることを今一度考えさせる必要がある。

　このような場合は，次のような認知的不均衡を促す発問で児童の思考を揺さぶる。
○お母さんはなぜ飼ってはいけないと言ったの？
○つとむくんはジョンの世話もできなかったんじゃないの？　子猫の世話ができるの？

　このようなディスカッションを通して，つとむくん自身のこれまでのそしてこれからの行為・お母さんの思いと約束・子ねこの命の大切さを考慮に入れながら，最終的な判断を行わせたい。

おかあさんとすてねこ

年　組　番　名前

(1) 書き込みカード

つれて帰るべき			つれて帰るべきでない		
理由	○×	意見や質問	理由	○×	意見や質問
1．子ねこをかいたいから。			1．ふくがよごれるから。		
2．子ねこがかわいそうだから。			2．お母さんにしかられるから。		
3．このままだと死んでしまうかもしれないから。			3．ジョンの世話も1人でできないから。		
4．生き物の命は何よりも大切だから。			4．お母さんとのやくそくは守らないといけないから。		

(2) 判断・理由づけカード

つとむくんは，どうすべきだろう。	
つれて帰るべき	つれて帰るべきでない
そう考えた理由は？	

第2章　新モラルジレンマ教材と授業展開　　65

② ルールはルールだよ

対 象
小学校3～4年生
内容項目
C－(11) 規則の尊重　　C－(12) 公正・公平, 社会正義
B－(6) 親切・思いやり　　B－(9) 友情・信頼

　ぼくは小学校4年生の勇二です。さいきん, クラスの男子の間では, ちいきの方に昔遊びを教えてもらってから, カンケリがはやっています。ぼくには1年生の時からの仲よしの光男という友だちがいます。光男は運動が苦手で, 昼休みは教室や図書室で本を読んでいるか, ぼくたちが遊んでいるのを遠くからながめています。

　そんな光男をカンケリにさそうのですが, いつもわらうだけで, 入ってきてくれません。ぼくは, (カンケリだと, 少しぐらい走るのがおそくても楽しく遊べるのに) と心の中で思っていました。

　ある日の昼休み。運動場はいつものようにおおぜいの子どもたちでにぎわっています。ドッジボール, 鉄ぼうの近くで一輪車に夢中になっている人たち, ジャングルジムのほうからも低学年の子どもたちのかん声が聞こえてきます。

　ぼくは, カンケリを早くしたくて, あきかんをもって急いで明男といっしょに運動場にかけ出しました。でも, お決まりの場所にいつもの仲間はだれも来ていません。

　「けんいちとよしおが係の仕事で, 昼休みはたぶん遊べないんだって……。」
と, 後ろのほうから和也の大きな声が聞こえてきました。

　「たった3人では, カンケリなんておもしろくないよ。だれかさがさなきゃ……。」
と明男があわてたようすで話しかけてきました。

　さがすといっても, みんなそれぞれ楽しそうに遊んでいます。そんなとき明男が, ぼくたちのほうを見ている光男に気がついて, 入ってもらおうと言いだしました。もちろん, ぼくは大さんせいです。そして, メンバーが足りなかったので, 光男をさそいに走って行きました。

　「光男。いっしょにカンケリして遊ぼうよ, 楽しいよ。3人しかいないんだ, たのむよ。」
　光男はこまったような顔をして,

　「え, ぼくが……。おそいから, いやだよ。」
と, うつむきながら答えました。

　「足の速いおそいはそんなにかんけいないよ。いっしょに遊ぼう, たのむよ。」
　仲よしのぼくが何度もさそうので, 光男もやってみようという気になってくれました。

　それで, いつものようにカンケリが始まりました。さいしょは明男がおにになりましたが, そのうち光男がつかまってしまいました。おにになった最初は楽しそうだった光男ですが, 5

66

回も続けざまにカンをけられてしまってからは，ようすがおかしくなりました。走るのがとてもつらそうだし，元気がなくてつまらなそうに見えました。そこでぼくは，
「おーい，タイム！　みんなちょっと出てきてよ。」
と，大きな声を出してみんなを集めました。かくれていた明男と和也がびっくりした顔をして出てきました。みんながそろったところで，ぼくは，
「これじゃ光男がいつまでやっても交代できないし，かわいそうだよ。もう交代しようよ。」
と話しかけました。すると，和也が不満ありげにすぐさま言い返してきました。
「ぼくだってあまり速くはないけどやっているんだ。勇二は光男と仲がいいからそんなことを言うんだろ。」
「だって，みんなだっておもしろくないだろう。光男だけルールを変えてもいいだろう。」
と，ぼくはお願いするように言いました。
そんなやりとりを聞いていた明男がうで組みをしながら，
「光男がずっとおにだとつまらないよ。かくれがいもないし，走りがいがないよ。スリルがないもん。やっぱり，光男は見学してたほうがよかったよ。」
と，小さな声でぼそっとつぶやきました。それを聞いた和也も，
「そうだ，光男だけを特別ルールにするなら，ぼくは遊ばないよ。ルールはルールだよ。」
と言ってきました。何だか，がまんできなくなってきたぼくは，
「せっかく光男に入ってもらってカンケリを始めたのに，そんなこと言うなよ。みんな勝手だよ。楽しくやろうよ。」
と，少し強い口調で言ったものの，どうしたらよいかこまってしまいました。みんなもそれを聞いて，どうしたらいいか考えこんでしまいました。光男は下を向いたままで，何も言いません。
ぼくもみんながなっとくしてくれないので，だんだん元気がなくなり，どうしてよいかわからなくなってきました。運動場の時計を見ると，休み時間が半分くらい終わっていました。

楽しく遊ぶためには，みんなはどうすれば一番よいのでしょうか？

◆ルールを変えて交代すべきだ。
◆同じルールでするべきだ。

（植田　和也　作「ルールを変えろって」（1933）を一部改作）

第2章　新モラルジレンマ教材と授業展開　｜　67

❶ 「ルールはルールだよ」の授業実践

(1) 主題名「何のためのルール」　　**教材名**「ルールはルールだよ」

(2) 主題設定の理由（ねらい）

　日常生活には様々なルールが存在する。そのルールが何のための、時には誰のためのルールなのかと考え合うことで、その重要性、意義について多面的・多角的に考えることをねらいとし、本主題を設定した。本教材では、「規則尊重」と「親切・思いやり」との葛藤を中心に、「公正公平、正義」や「友情・信頼」などの間で起こる道徳的な価値葛藤の解決が問題とされている。

(3) 教材について（タイプⅡ）

　本教材は、子どもたちの遊びの中でよく見かける場面の問題を取り上げたモラルジレンマ教材である。主なあらすじは、カンケリをして遊んでいたが、5回も続けておにになり、交代できそうにない光男の様子を見て、ルールを変えて交代するべきかどうかについて考える内容である。友だちの勇二は、明男や和也に「光男がかわいそうだし、交代しよう……。」と言うが、2人は納得できないでやりとりが続くという設定である。楽しく遊ぶためには、みんなはどうすれば一番いいのかを様々な視点から理由づけして考えていくという内容である。

(4) 価値分析表

　コールバーグの道徳性の発達段階に照らして、予想される児童の反応を表1に示した。

表1　価値分析表

ルールを変えて交代するべきだ	同じルールでするべきだ
段階1　罰回避と従順志向，他律的な道徳性	
・光男がかわいそう。 ・友だちだから。	・みんな同じがいい。 ・ルールだから。
段階2　個人主義，道具的な道徳性	
・光男に頼んで入ってもらったのだから交代してあげるべき。 ・光男もみんなもおもしろくないから変えて交代したほうがいい。	・今までそうしてきたのだから簡単に変えるべきでない。 ・少しのことで変えていたらどうしようもない。遊びが楽しくなくなる。
段階3　良い子志向，対人的規範の道徳性	
・もし自分が光男の立場なら嫌な気持ちだし、この場合は何でも同じにするのが平等なルールじゃないと思うから。 ・ルールは守ることも大切だが、みんなが納得すれば新しいルールを作ってもいいはずだ。ルールはみんなが楽しむためのものだ。	・みんなが納得しないのなら変えるべきでない。光男を励ましながらこのまま続けたほうがいい。一度し始めたら最後までするべきだ。 ・光男も自分だけルールが違うといつまでも自分にはできないと思い自信が持てないから、光男のためにも同じルールでしたほうがいい。

❷ 展開（２時間扱い及び1.5時間扱いの授業展開）

●第１次の授業（1.5時間扱いの場合は，第１次を行わず，朝自習や宿題で各自教材を読み，１回目の判断・理由づけを行う。）

配時	学習活動と主な発問	指導上の留意点
展開 40分	主人公のおかれた状況を読み取り，道徳的ジレンマに直面する。	・場面絵を提示しながら教材読みを行う。
	読み取りの誤りを修正したり，道徳的価値の生起する状況を共通理解することにより，主人公に役割取得し，道徳的葛藤を共通理解する。 ○カンケリをしたことはありますか。 ○カンケリのルールってわかるかな？ ○勇二と光男の関係はどうかな。 ○さそわれた光男は，なぜしたくなかったのだろう。 ○明男や和也は，なぜ勇二の交代しようということに納得できないのかな？ ○このままではみんなは楽しいのかな？	・教材の前段を読んで，生活経験とつなげながら状況把握を行う。 ・カンケリのルールについて確認する。 ・教材の最後までを読んで，状況把握を行う。 ・みんなもこのままでは楽しくないと言っていることを確認する。
終末 5分	道徳的葛藤の場面で主人公はどうすべきかを判断し，その理由づけをする。 ◎みんなは，どうすべきだろう。（H）	・１回目の「判断・理由づけカード」への記入を行う。

●第２次の授業の準備

○１回目の判断・理由づけカードの内容を整理し，第２次で用いる書き込みカードを作成する。
○書き込みカードの「理由」部分を拡大したものを黒板掲示用に作成する。
○１回目の判断・理由づけから，論点になりそうな部分を予想し，発問を準備する。

●第２次の授業

配時	学習活動と主な発問	指導上の留意点
導入 前半 5分	状況把握の再確認と道徳的葛藤の明確化を行う。 ○みんなは，何を迷っているのですか。 ○なぜ迷っているのですか。	・ルールの重要性と，みんなもこのままでは楽しくないと言っていることを確認する。
導入 後半 7分	学級全員の理由づけを分類した「書き込みカード」に自分の意見を書き込むことにより，自分とは違う他者の考えに気づく。 ○賛成・反対意見をカードに書こう。	・「書き込みカード」に自分の意見を書き込むことで討論への準備を行う。 ・発言が苦手な児童の意見表明の場とする。
展開 前半 13分	いろいろな理由づけに対して相互に意見を述べ合い，論点を明らかにしていく。○賛成，×反対意見を自由に言おう。 ○なぜこのままでは光男がかわいそうなのですか。 ○なぜ光男だけ変えるのはおかしいのですか？	・書き込みカードの「理由」の部分を拡大して黒板に掲示する。 ・意見が散らばらないように，同じ部分についての意見を発表させる等，進め方を工夫する。 ・教師は対立点がわかるように児童の意見を板書する。
展開 後半 15分	論点を絞り，さらに意見を出し合う中で，自分の考えを確かなものにしていく。 ① ルールを変えたほうがいいという人に聞くよ。 「確かにかわいそうだけど，ルールを変えることが本当に光男のためになるのだろうか。今だけでなく，この後のことも考えるとどう	・役割取得を促す発問（Y），結果を類推する発問（K），認知的不均衡を促す発問（N）でディスカッションを方向づけ，児童の思考を深める。 ・左記の発問通りに用いるのではなく，ディスカッションの流れに応じて適宜用いる。 ・他にも次のような発問が考えられる。

第２章　新モラルジレンマ教材と授業展開　69

| | だろう。」（Y）
② 変えないでこのままでしたほうがいいという人に聞くよ。
「ルールは何のためにあるのかな，みんなが楽しくないと思っていても変えてはだめなの？」（N） | ・もしこのまま続けたら，光男はどんな気持ちになるだろう（Y）。
・遊びのルールは楽しくするためにあるが，もしこのまま続けたらみんなは遊んで楽しかったと言えるかな（K）。
・ルールとはどんな場合も変えることはできないのか。いや，簡単に変えてもよいのか（N）。 |
| 終末
5分 | 道徳的葛藤の場面で主人公はどうすべきかを再度判断し，自分の最も納得する理由づけを行う。
◎みんなは，どうすべきだろう。（H） | ・2回目の「判断・理由づけカード」への記入を行う。
・板書を眺め，納得できる意見を取り入れるよう指示する。 |

❸ 授業を行う上での留意点

「ルールの重要性，意義について考える」というねらいのもとに，まず，自己の考えを明確化する「書き込みカード」に意見や質問を記入させる。このカードは，1回目の判断・理由づけにおける記述内容を基に作成しておく。第2次に実施するモラルディスカッションでは，まず，規則尊重，親切・思いやりの観点から，「ルールを変えて交代すべき」「同じルールでこのまますべき」の立場で，各々の判断や理由づけについて質問や意見を発表する。

後半では，以下のような発問で，論点を絞って討論を行うことが考えられる。ただし，児童相互の質問等で多くの児童のこだわりや本時のねらう内容項目に照らし合わせて，子どもの思考が分断されてしまわないように配慮したい。特に，教師のほうで考えておきたい発問例として，ルールの重要性や意義に関わる「ルールは遊びを楽しくするためにあるが，みんなが楽しくないと思っていても変えてはだめなの？」や，光男のためにという考えを問い直す「光男のために変えることは今後の光男のことを考えても本当にそれでよいだろうか？」を指導過程にも示した。状況によっては，それぞれの立場を選択した児童に対して別々の発問を投げかけることも有効である。

その後，最終的な判断・理由づけを行う。なお，この授業は立場を明確にして討論するが，自分とは異なる立場の意見もしっかりと聞き入れる共感的な態度で望むことが重要である。

また，時間があれば子どもたちが授業での学びを振り返り，簡単な自己評価につながることを学年に応じて行うのもよい。

○ふりかえりカード（時間があれば学年に応じて実施できる） 　今日の道徳をふりかえってみて，自分の気持ちや考えに近い数字を□の中に書きましょう。 　3：とてもそう思う　2：まあまあそう思う　1：少し思う　0：思わない	
① 今日の道徳では，よく考えることができましたか。	□
② 友だちの考えを見聞きして，自分の考えが深まったり，「あっ，そうか」と感じたりすることはありましたか。	□
③ 自分とちがう友だちの考えを聞いたり，みんなで話し合ったりすることは楽しかったですか。	□

ルールはルールだよ

名前　　　　　　　　　　年　　組　　番

(1) 書き込みカード

ルールを変えて交代するべきだ			同じルールでするべきだ		
理由	○×	意見や質問	理由	○×	意見や質問
1．このままでは光男がかわいそうだ。			1．ルールはみんな同じだ。		
2．みんなが楽しくないのだから，変えたほうがいい。			2．このぐらいで変えることは光男のためにならない。		
3．たのんで光男に入ってもらったのだから。			3．光男だけ変えるのはおかしい。		
4．時には，ルールを変えてもしかたがない。			4．光男だけのために変えるのではみんなが気持ちよくできない。		

(2) 判断・理由づけカード

みんなは，どうすればいいのだろうか。	
ルールを変えて交代するべきだ	同じルールでするべきだ
そう考えた理由は？	

....
....
....
....
....
....
....
....

第2章　新モラルジレンマ教材と授業展開　　71

③ 決まりはないけれど

> **対象**
> 小学校3〜4年生
> **内容項目**
> C−(11) 規則の尊重
> C−(15) よりよい学校生活，集団生活の充実

「こうじくん，今日の学級会，今度のお楽しみ会のこと決めるんだったよな。」

「うん，たけしくん。」

「ぼく，バスケットボールになるといいなって思っているんだ。」

「そうだね。先月のお楽しみ会はサッカーだったからね。バスケットボール大会になったら，同じチームになろうね。」

「うん。健一くんもさそって，3人で同じチームに入ろうよ。」

こうじくんとたけしくんは，昼休みに，5時間目の学級会のことを話していました。

こうじくん，たけしくん，健一くんの3人は，ミニバスケットボールクラブに所属しています。毎日放課後いっしょうけんめい練習しているかいがあって，最近めきめき上達してきていたのです。

5時間目の学級会の時間が始まりました。

まず，何をするかということから決めました。たけしくんは，バスケットボール大会をすればよいという意見を出しました。ゲーム大会，ドッジボール大会という意見も出されましたが，結局たけしくんの意見がみんなから支持されてバスケットボールをすることになりました。

あいさつ，得点，時計，表彰状などの係もクラスのみんなで分たんしてすることになり，学級会はスムーズに進められています。

そしてチームを決める時がきました。

話し合いの結果，クラスにはちょうど30人いるので，1チーム5人で6チーム作ればいいということになり，どうやって決めればいいか話し合いました。

「好きな人同士でチームを作ればよい。」

「くじびきでチームを作ればよい。」

「チームリーダーを決めてから同じ強さになるようにチームを決めればよい。」という意見が出されました。

いろいろ話し合った結果，好きな人同士でチームを作ることに決まりました。

さっそくみんなは手をあげて，チームを決め始めています。

こうじくんは，座席が近くの健一くんに声をかけました。

「健一くん，ぼくときみとたけしくんで同じチームになろうよ。そうすれば絶対優勝まちが

72

いなしだよ。」
「それは，いいね。3人そろったら絶対勝てるね。」
たけしくんもVサインをしながら2人のほうを見ています。
こうじくんは，さっと手をあげて，
「ぼくと，健一くんと，たけしくんで同じチームになります。」と，言いました。
それを聞いた美絵さんが，手をあげて言いました。

「いくら自由でもミニバスケットボールクラブに入っている3人が同じチームになったら絶対勝つに決まっていると思います。だから，3人は，分かれたほうがいいと思います。」

こうじくんはそれを聞いて，「みんなでさっき好きな人同士でチームを作るということに決めたんだから，自由なんじゃないですか。」と，言いました。
たけしくんも，「ぼくたち3人が同じチームになっちゃいけないという決まりはないんじゃないですか。」と，言いました。
その意見を聞いて，クラスのみんなは，ざわざわしてきました。
健一くんには，
「あの3人がいっしょになったら強すぎるよな。」
「せっかくのお楽しみ会が楽しくなくなるよ。」という声も聞こえてきます。

その時司会者が，
「こうじくんとたけしくんは，3人が同じチームになってもよいと言っていますが，健一くんはどう思いますか。」と，健一くんに聞きました。
健一くんは，美枝子さんの言った「いくら自由でも……。」という言葉と，たけしくんの「決まりはない……。」という言葉が頭からはなれません。
健一くんは，どう答えればよいのかこまってしまいました。

健一くんはどう答えるべきでしょう。

◆3人で同じチームになると言うべき。
◆3人で同じチームにならないと言うべき。

（堀田 泰永　作）

❶ 「決まりはないけれど」の授業実践

(1) **主題名**「みんなのための決まり」　　**教材名**「決まりはないけれど」

(2) **主題設定の理由（ねらい）**

　中学年の段階では，気の合う仲間で決まりを作り，自分たちで決めたことを大切にする傾向がある。しかし，子どもたちが決めた決まりの中には，ご都合主義のものや，見通しを持たずに決めてしまうものも多く見られる。

　一方，この段階においては，仲間意識の高まりと相まって特に学級への所属意識が高まる。このことから，互いに思いやり明るさや活力あふれる楽しい学級を，みんなで協力し合って作っていくことができるような態度を育む必要がある。

　本主題では，学級会の場面での規則の尊重と，学級生活の充実の葛藤場面を扱うことにより，何のための，そして誰のためのという観点で話し合うことで，規則の重要性，存在意義について包括的に考えることとする。

(3) **教材について（タイプⅡ）**

　学級のお楽しみ会でバスケットボールをすることになり，チームの決め方は，「好きな人同士」と決まった。こうじは，同じミニバスケットボールクラブに入っている健一，たけしの3人で同じチームになると言う。それを聞いた美絵は，「3人が同じチームになると強すぎる。」と言う。たけしは，「みんなで好きな人同士でチームを作ると決めた。」と言う。

　3人の話を聞いた学級のみんながざわつく中，司会者が健一にどうするかたずねる。

(4) **学級の実態**　（略）

(5) **価値分析表**

　コールバーグの道徳性の発達段階に照らして，予想される児童の反応を表1に示した。

表1　価値分析表

3人で同じチームになると言うべき	3人で同じチームにならないと言うべき
段階1　　罰回避と従順志向，他律的な道徳性	
・決まったことだから。	・みんながだめだと言っているから。
段階2　　個人主義・道具的な道徳性	
・同じチームにならないとこうじくんとたけしくんにきらわれるから。 ・勝つと楽しいから。	・3人が同じチームになるとみんなから文句を言われるから。 ・3人が同じチームだと強すぎるから。
段階3　　良い子志向，対人的規範の道徳性	
・チームの決め方をみんなで決めたのだから，それに従わないといけない。意見は決める時に言わないといけない。	・みんなが楽しむためのお楽しみ会だから，学級のみんなは，それを考えないといけない。

❷　展開（２時間扱い及び1.5時間扱いの授業展開）

●第１次の授業（1.5時間扱いの場合は，第１次を行わず，朝自習や宿題で各自教材を読み，１回目の判断・理由づけを行う。）

配時	学習活動と主な発問	指導上の留意点
展開 40分	主人公のおかれた状況を読み取り，道徳的ジレンマに直面する。 読み取りの誤りを修正したり，道徳的価値の生起する状況を共通理解することにより，主人公に役割取得し，道徳的葛藤を共通理解する。 ○みなさんは何か習い事をしていますか。 ○こうじとたけしは，お楽しみ会で何をしたいと思っていますか。それはなぜだと思いますか。 ○話し合いの結果，チームの決め方はどうなりましたか。 ○美絵は，どう言いましたか。 ○それを聞いたこうじはどう言いましたか。 ○クラスのみんなはどう思っていますか。	・習い事の楽しさや，どんな思いで習っているかを発表させる。 ・みんなで決めたことを確認する。 ・２人の主張を確認し，それを聞いているみんなの気持ちを考えさせる。
終末 5分	道徳的葛藤の場面で主人公はどうすべきかを判断し，その理由づけをする。 ◎健一はどう答えるべきだろう。（H）	・１回目の「判断・理由づけカード」への記入を行う。

●第２次の授業の準備

○１回目の判断・理由づけカードの内容を整理し，第２次で用いる書き込みカードを作成する。
○書き込みカードの「理由」部分を拡大したものを黒板掲示用に作成する。
○１回目の判断・理由づけから，論点になりそうな部分を予想し，発問を準備する。

●第２次の授業

配時	学習活動と主な発問	指導上の留意点
導入 前半 5分	状況把握の再確認と道徳的葛藤の明確化を行う。 ○健一は，何を迷っているのですか。 ○なぜ迷っているのですか。	・健一の迷いの要因を確認する。
導入 後半 5分	学級全員の理由づけを分類した「書き込みカード」に自分の意見を書き込むことにより，自分とは違う他者の考えに気づく。 ○賛成・反対（○×）意見や質問をカードに書こう。	・「書き込みカード」に自分の意見を書き込むことでモラルディスカッションへの準備を行う。 ・発言が苦手な児童の意見表明の場とする。
展開 前半 10分	いろいろな理由づけに対して相互に意見を述べ合い，論点を明らかにしていく。 ○賛成・反対意見を自由に言おう。	・書き込みカードの「理由」の部分を拡大して黒板に掲示する。 ・意見が散らばらないように，同じ部分についての意見を発表させる等，進め方を工夫する。 ・教師は対立点がわかるように児童の意見を板書する。

第２章　新モラルジレンマ教材と授業展開　｜　75

展開 後半 20分	論点を絞り，さらに意見を出し合う中で，自分の考えを確かなものにしていく。 ○もし3人で同じチームになると言ったら，みんなはどう思うだろう。（Y） ○もし同じチームにならないと言ったらこうじとたけしはどう思うだろう。（Y） ○みんなで決めたことってそんなに大切なんですか。それはなぜですか。（N） ○もし3人が同じチームになったら，お楽しみ会はどうなるだろう。（K） ○お楽しみ会は何のためにするの？（N）	・役割取得を促す発問（Y），行為の結果を類推する発問（K），認知的不均衡を促す発問（N）で，ディスカッションを方向づけ，児童の思考を深める。 ・左記の発問をすべて用いるのではなく，ディスカッションの流れに応じて適宜用いる。
終末 5分	道徳的葛藤の場面で主人公はどうすべきかを再度判断し，自分の最も納得する理由づけを行う。 ◎健一は，どう答えるべきだろう。（H）	・2回目の「判断・理由づけカード」への記入を行う。 ・板書を眺め，納得できる意見を取り入れるよう指示する。

第2次の板書計画

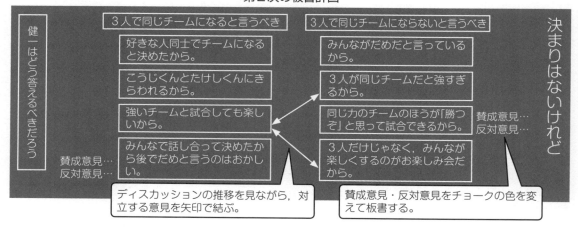

❸ 授業を行う上での留意点

　自由なディスカッションでは，勝敗やお楽しみ会の楽しさという段階2の観点で話し合いが進むことが予想される。そこで，ディスカッションの推移を見ながら，次のような認知的不均衡を促す発問で，規則を守ることの意義について考えさせる。
○みんなで決めたことってそんなに大切なんですか。それはなぜですか。

　さらに，次のような結果を類推する発問・認知的不均衡を促す発問で，楽しさや，お楽しみ会の意義について考えさせる。
○もし3人が同じチームになったら，お楽しみ会はどうなるだろう。
○お楽しみ会は何のためにするの？

　このようなディスカッションを通して，最後の判断・理由づけにおいて，「規則」や「楽しい学級」について，自律的に考えを述べることができるように指導する。

ワークシート

決まりはないけれど

名前　　　　　　　　　　　年　　組　　番

(1) 書き込みカード

3人で同じチームになると言うべき			3人で同じチームにならないと言うべき		
理由	○×	意見や質問	理由	○×	意見や質問
1.「好きな人同士でチームになると決めたから。			1. みんながだめだと言っているから。		
2. こうじくんとたけしくんにきらわれるから。			2. 3人が同じチームだと強すぎるから。		
3. 強いチームと試合しても楽しいから。			3. 同じ力のチームのほうが「勝つぞ」と思って試合できるから。		
4. みんなで話し合って決めたから後でだめと言うのはおかしい。			4. 3人だけじゃなく、みんなが楽しくするのがお楽しみ会だから。		

(2) 判断・理由づけカード

健一は、どう言うべきだろう。	
3人で同じチームになると言うべき	3人で同じチームにならないと言うべき
そう考えた理由は？	

第2章　新モラルジレンマ教材と授業展開　　77

④ 図書当番の仕事

対象
小学校3〜4年生
内容項目
B—(6) 親切，思いやり
C—(11) 規則の尊重

「これから出張なんだけど，放課後の図書当番お願いね。」

「はい，わかりました。」

めぐみは，日誌を受け取りながら，図書担当の木村先生に元気よくこたえました。

めぐみの学校では，4年生から6年生までが協力して委員会活動に取り組んでいます。本が大好きなめぐみは，4年生になると迷わず図書委員会に入りました。図書室にはよく通っていたので，図書当番の仕事もすぐに覚え，先生からも頼りにされていました。

図書委員会では，1週間ごとに昼休みと放課後に当番の仕事をすることになっています。いつもは，ゆか子と2人で当番をするのですが，今日はゆか子が家の用事で帰ったため，めぐみが1人で放課後の図書当番をすることになったのでした。

めぐみは，本の貸し出しや返却の世話，カードの整理など，当番の仕事をてきぱきと進めていきました。

4時前になると，本を読んでいた人たちも，次々に帰っていきました。あとは，図書日誌を書き，図書室の戸じまりをすれば，当番の仕事は終わりです。めぐみは，日誌を書き終えて，窓の戸じまりを一つひとつ確認し始めました。すると，本だなの向こうの机で，5年生のさとしくんが調べものをしている姿が目に入りました。

さとしくんは，本だなから貸し出し禁止の図鑑を持ってきて，ノートに熱心に書き写しています。どうも，理科の調べもののようです。そういえば，さとしくんはこのごろ，毎日のように図書室で調べものをしています。

めぐみは，さとしくんにたずねました。

「毎日図書室に来ているけど，一生けんめい何を調べているの。」

「科学研究会に学校代表で発表するから，説明資料の手直しをしているんだよ。」

めぐみは，担任の先生から，5年生の男子が科学研究の代表に選ばれた話を聞いたことを思い出しました。

「学校代表になると大変なんだ。調べもの，時間がかかるの。もう図書室を閉めなければならない時間なんだけど……。」

「明日が発表会だから，今日中に調べないと間に合わないんだよ。」

78

さとしくんの真剣な顔を見て、めぐみは、それ以上何も言えなくなりました。さとしくんは、だまって調べものを続けています。

　『キーン　コーン　カーン　コーン……』
　４時半になり、下校のチャイムが鳴りました。
　今度こそ図書室を閉めなければなりませんが、さとしくんは調べものに熱中しています。この様子では、まだまだ終わりそうにありません。
　とうとうめぐみは、
「さとしくん、もう下校の時間だから、悪いけど図書室から出てちょうだい。」
と、声をかけました。
　さとしくんは、困ったような顔をしていましたが、
「この図鑑、一晩だけ貸してくれないかな。明日の朝一番に返しに来るから。お願い！」
と、頭を下げてたのみました。
　さとしくんが困っていることは、よくわかります。でも、この本は、貸し出し禁止図鑑の本なのです……。
　さとしくんの真剣な顔を見て、めぐみは、返事につまってしまいました。

めぐみはどうすべきだろう。

◆さとしくんに本を貸すべき。
◆さとしくんに本を貸すべきではない。

（上田　仁紀　作）

第２章　新モラルジレンマ教材と授業展開

❶ 「図書当番の仕事」の授業実践

⑴　**主題名**「思いやりの心とルール」　　**教材名**「図書当番の仕事」

⑵　**主題設定の理由（ねらい）**

　本主題では，B「親切，思いやり」とC「規則の尊重」の間での価値葛藤を検討する過程を通して，子どもたちが生活上の問題に直面した時，状況を多面的に深く考えて意志決定できる道徳的判断力を養うことをねらいとする。

⑶　**教材について（タイプⅡ）**

　教材「図書当番の仕事」は，図書委員のめぐみが，科学研究発表会を明日にひかえたさとしの願いに応えて，貸し出し禁止の本を貸すべきか，図書室のルールを守り通すべきかで迷う場面を取り扱っている。発表会や試合を目前に努力をすることや，きまりや手順に沿って行う当番活動は児童に身近な場面であり，自分の問題として考えやすい教材であろう。

⑷　**学級の実態**　　（略）

⑸　**価値分析表**

　コールバーグの道徳性の発達段階に照らして，予想される児童の反応を表1に示した。

表1　価値分析表

さとしくんに本を貸すべき	さとしくんに本を貸すべきでない
段階1　罰回避と従順志向，他律的な道徳性	
・さとしくんが，本を貸してほしいと頼んでいるから。 ・困っている下級生には親切にするものだ（と親や先生から言われている）から。	・貸し出し禁止の本を貸したことがわかったら，先生からきびしい注意を受ける。 ・ルールは，きちんと守らないといけないから。
段階2　個人主義・道具的な道徳性	
・あとで，貸した理由を話せば先生や図書委員のみんなも，きっと許してくれる。 ・もし貸してあげないと，さとしくんが，がっかりしそうでかわいそう。 ・自分が貸さなかったせいで，発表に失敗したら，さとしくんにうらまれる。	・貸し出しのルールを破ると，先生やみんなから図書委員としての信用を失う。 ・貸し出し禁止の本がきちんともどらなければ，自分の責任になってしまう。 ・さとしくんにだけ貸し出し禁止の本を貸すのは不公平だし，ルールがみだれる。
段階3　良い子志向，対人的規範の道徳性	
・先生に注意されても，学校代表としてがんばっているさとしくんの力になれば，めぐみは満足できる。 ・明日の発表に失敗したら，今までのさとしくんの努力がむだになるし，めぐみ自身も後悔する。 ・科学研究発表会での発表がうまくいくことは，学校全体の誇りとなる。	・ルールを破って発表に成功しても，さとしくんはいい気持ちになれないし，本人のためにもよくない。 ・もしもさとしくんが本を返し忘れたら，図書室の他の利用者に迷惑がかかる。 ・図書室の利用者のことを考えて，貸し出しのルールを守らせるのは図書委員としての当然の責任だ。

❷ 展開（2時間扱い及び1.5時間扱いの授業展開）

●第1次の授業（1.5時間扱いの場合は，朝自習や宿題で教材を読んで1回目の判断・理由づけを行う。）

配時	学習活動と主な発問	指導上の留意点
導入 5分	1．身近なルールについて思い起こす。 ○身の回りにはどんなきまりがありますか。	・身近なきまりについて想起させ，身近な生活から教材へと意識をつなぐ。
展開 35分	2．教材を読み，主人公の葛藤状況を把握する。 ○図書委員のめぐみは，どんな仕事ぶりですか。 ○だまって調べ物を続けるさとしはどんな気持ちか。 ○さとしを待つめぐみの気持ちはどうか。 ◎めぐみはどんなことで迷っているのか。	・教材の「仕事をてきぱきと進めていきました。」まで読み，めぐみの仕事ぶりを考えさせる。 ・教材の「さとしくんはだまって調べ物を続けています。」まで読み，発表会前のさとしの立場を考えさせる。 ・めぐみの迷いを明確につかませる。
終末 5分	3．道徳的葛藤の場面で主人公はどうすべきかを考え，1回目の判断・理由づけをカードに記入する。 ◎めぐみは，どうすべきですか？ さとしくんに本を貸す　さとしくんに本を貸さない	・道徳意見カードを準備する。 ・理由づけの不十分な児童には，机間指導を通して判断の根拠を引き出す助言を行う。

●第2次の授業

配時	学習活動と主な発問	指導上の留意点
導入 前半 5分	1．教材を読み，主人公の葛藤状況を思い起こす。 ○めぐみはどんなことで迷っているのか。 ○なぜ迷っているのですか。	・めぐみの迷いを焦点化して捉えさせ，ディスカッションの共通のテーマを確認する。
導入 後半 7分	2．学級全員の主な理由づけを分類した「書き込みカード」に自分の意見を書き込む。 ○みんなの理由づけを読んで，賛成する理由に○，反対する理由に×をつけながら意見を書こう。	・第1次の判断・理由づけの代表的なものを一覧表にまとめた「書き込みカード」に記入し，モラルディスカッションへの準備を行う。
展開 前半 13分	3．各理由づけへの意見や質問を発表する。 ◎それぞれの理由づけに対する意見を発表しよう。 　A．さとしくんに本を貸すべき ① もし貸してあげないと，さとしくんが，こまってしまいそうでかわいそう。 ② あとで，貸した理由を話せば先生や図書委員のみんなも，きっと許してくれる。 ③ 明日の発表に失敗したら今までのさとしくんの努力がむだになるし，めぐみも後かいする。 ④ たとえ注意されても学校代表としてがんばっているさとしくんの力になれれば満足できる。 　B．さとしくんに本を貸すべきではない ① 貸し出し禁止の本を貸したことがわかったら，先生からきびしい注意を受ける。 ② 計画的に調べずに貸し出し禁止の本を無理に借りようとするのは，さとしくんのわがままだ。 ③ さとしくんがもし明日の朝本を忘れてきたら，他の人が調べられずに迷惑する。 ④ さとしくんにだけ貸し出し禁止の本を貸すのは不公平だし，図書室のルールがみだれてくる。	・第1次の判断・理由づけの代表的なものを提示する。 ・それぞれの考え方に対する自分の立場（賛成・反対）を明確にしながら自由な視点から質問や意見を述べさせる（児童の主体性を重視）。 ・賛成意見には○，反対意見には×を板書して立場を明確にする。 ・話し合いを焦点づけるために，発表された意見や質問に対する自分の考えがあれば先に発表させる。 ・ディスカッションの流れに応じて意図的指名を活用する。 ※どうすることが，相手の幸せにつながるのか。 ※貸し出しのルールを守らせるのが図書委員としての責任。 という両面の考え方を大切にする。
展開 後半 15分	4．焦点化された論点ついて話し合う。 ○貸出し禁止のルールは何のためにあるのか。 ・みんなが調べものに使う大切な本を守るため。 ・いつも図書館にないと困る本だから。 ○ルールを変えることは，許されないのだろうか。	・第1次の理由づけや本時の発表から，教師が論点を整理して提示し，焦点を絞って話し合いを進める。 ・ルールの持つ意味に焦点化して話し合い，自分の生活経験とも結びつけて判断を考えさせる。

	・ルールを自分に都合よく変えるのはよくない。 ・人のために役立つなら守らなくてよい時もある。 ・状況に合わせてよりよく変えていくことも大切。	・より高い段階の考え方に触れさせ，各自の考えを深めさせる。
終末 5分	5．最終的な判断・理由づけをする。 ◎めぐみは，どうすべきですか？ 　　さとしくんに本を貸す 　　さとしくんに本を貸さない	・2回目の「判断・理由づけカード」への記入を行う。 ・ルールができた意味を踏まえた運用や改善の大切さを押さえる。

板書計画

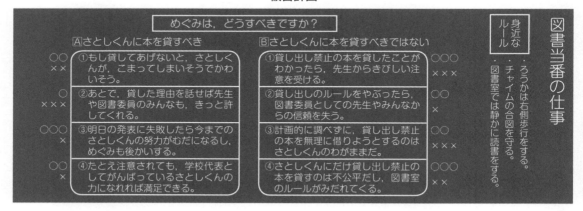

❸ 授業を行う上での留意点

「図書当番の仕事」では，いずれの判断も道徳的な拠り所がある。2つの価値について安易に二者択一的に判断するのではなく，判断した結果起こるプラス面とマイナス面を丁寧に検討し，「思いやりの心」を通して「ルールの意味」を考え，「ルールを守る態度」を通して「思いやりとは何か」を考える。論点として「ルールは何のためにあるのか」，「ルールの変更は許されないのか」をあげたが，「図書委員みんなが独自の判断をしたらどうなるか」，「本を貸すことが本当にさとしくんのためになるのか」等，討論の流れに応じた論点を投げかけたい。

(1) 「道徳意見カード」の利用

第1次の学習では，主人公の思いに役割取得しながら葛藤状況を十分に把握させた後，「主人公はどうすべきか」について，各自判断とその理由づけを記入させる。また，第2次の学習では，話し合いを通して考えたことを基に最終的な判断・理由づけをまとめさせ，道徳的な見方・考え方の高まりを捉える手がかりとする。

(2) 「書き込みカード」の作成と利用

第1次終了後，児童の判断・理由づけを表1に照らして分類，各発達段階から1〜2項目の理由づけを選び，書き込みカードを作成する。第2次のはじめに，項目毎に，賛成（○），反対（×）を選びその理由を書き込ませ，第2次の学習でどの項目について話し合いたいかを考えさせる。討論に多くの時間を取るためと学級全体の道徳思考の傾向をつかむために，第2次前（朝自習など）に書き込ませる場合もある。

図書当番の仕事

名前 _____ 年___ 組___ 番___

(1) 書き込みカード

めぐみはどうすべきだろう。（どうしなければなりませんか？）					
さとしくんに本を貸すべき			さとしくんに本を貸すべきではない		
理由	○×	意見や質問	理由	○×	意見や質問
1．もし貸してあげないと、さとしくんが、こまってしまいそうでかわいそう。			1．貸し出し禁止の本を貸したことがわかったら、先生からきびしい注意を受ける。		
2．あとで、貸した理由を話せば先生や図書委員のみんなも、きっと許してくれる。			2．貸し出しのルールをやぶった図書委員としての先生やみんなからの信頼を失う。		
3．明日の発表に失敗したら、今までのさとしくんの努力がむだになるし、めぐみも後かいする。			3．計画的に調べずに、貸し出し禁止の本を無理に借りようとするのはさとしくんのわがままだ。		
4．たとえ注意されても、学校代表としてがんばっているさとしくんの力になれれば満足できる。			4．さとしくんにだけ貸し出し禁止の本を貸すのは不公平だし、図書室のルールがみだれてくる。		

(2) 判断・理由づけカード

めぐみはどうすべきだろうか（どうしなければなりませんか？）	
さとしくんに本を貸すべき	さとしくんに本を貸すべきではない
そう考えた理由は何ですか？	

第2章　新モラルジレンマ教材と授業展開　83

⑤　ガーベラの折り紙

| 対　象 |
| 小学校3～6年生 |
| 内容項目 |
| A－⑵ 誠実，正直　　B－⑹ 思いやり |
| D－⑵ よりよく生きる喜び |

　みどりさんとまりさんはとても仲良しです。毎年，2人はお互いの誕生日に小さな手作りのプレゼントを交換しています。もうすぐまりさんのお誕生日です。みどりさんは今度は何をあげようかなあとずっと考えています。

　そんな時，みどりさんのおばあちゃんが家に遊びに来ることになりました。みどりさんはおばあちゃんが大好きです。おばあちゃんは少し遠くに住んでいて，1年に3回くらいしか会えません。だから，みどりさんはおばあちゃんと会えるのがとてもうれしくてわくわくしています。

　みどりさんはおばあちゃんが来る時にはいつもプレゼントをあげています。この前おばあちゃんが来た時は，みどりさんは弟と2人で練習しておばあちゃんに歌をプレゼントしました。おばあちゃんはとっても喜んでくれました。

　みどりさんは，今度は何をあげようかと考えていると，近所のお姉さんが，めずらしい折り紙を折ったから，見せてあげるとみどりさんのお家にやってきました。みどりさんは，その中の折り紙の「ガーベラのお花」をとっても気に入って，お姉さんから折り方を教えてもらいました。それは，とても変わった折り方で，少しむずかしかったのですが，みどりさんは何度も失敗して「ガーベラのお花」を折ることができるようになりました。みどりさんは「そうだ！おばあちゃんには折り紙で作った『ガーベラ』を画用紙に貼ってプレゼントしよう！」と思いつきました。とてもいい考えです。おばあちゃんはきっと喜んでくれるだろうなあと考えると，楽しみでなりません。

　おばあちゃんのプレゼント用に特別にきれいな折り紙をお母さんにお願いして買ってもらいました。折り紙は特別なものだったのでたった2枚しかありません。そんなきれいな折り紙で作った「ガーベラ」を2枚ならべて画用紙に貼ったらきっととてもすてきです。そのため，みどりさんは普通の折り紙で練習してから，きれいな折り紙で「ガーベラのお花」を折ろうと決めて，何度も何度も練習しました。

　さあ，いよいよおばあちゃんのプレゼントの折り紙を折る時です。みどりさんは緊張しながらきれいな折り紙で「ガーベラ」を折っていきました。しかし，1つはうまくできたのですが，もう1つは花びらが2カ所も曲がってヘンテコな形になってしまいました。しかたがないので，みどりさんはうまく折れた「ガーベラのお花」をおばあちゃんにプレゼントすることにして，画用紙に貼り，周りに草や花を描いて花だんのようにしました。とても上手にでき上がりました。そして，失敗した「ガーベラ」を放ったらかしたまま，すっかり忘れてしまいました。

おばあちゃんが遊びにきてくれる日です。みどりさんがくれた画用紙に貼られた「ガーベラのお花」を見たおばあちゃんは，本当にうれしそうに笑ってくれました。みどりさんも幸せな気持ちでいっぱいになりました。家族のみんなもとても上手だとほめてくれたので，みどりさんはがんばってよかったと思いました。

　喜んでいるおばあちゃんを見て，ふと，みどりさんは，まりさんのお誕生日が明日だったことを思い出しました。まりさんは大切なお友だちですが，おばあちゃんのことで頭がいっぱいで，すっかり忘れていました。まりさんはみどりさんのお誕生日の時はすてきな絵を描いて持ってきてくれました。どうしましょう，まりさんのお誕生日は明日です。もう時間がありません。

　その時みどりさんは失敗作の「ガーベラ」のことを思い出しました。「そうだ，あの『ガーベラ』をプレゼントにしよう。」と，放っておいた「ガーベラ」を探し出して，カードに「ガーベラ」の花を貼って，きれいな封筒に入れました。

　次の日，みどりさんはその「ガーベラ」をまりさんに渡しました。「まりさん，お誕生日，おめでとう。一生懸命に作った『ガーベラのお花』だよ。」と。まりさんは折り紙の「ガーベラ」を見たのは初めて。とても喜んでくれました。「みどりさん，ありがとう。こんなに難しい折り紙を私のために練習して作ってくれたんだね。本当にうれしいよ。」と言い，周りのお友だちにもうれしそうに見せています。みんな，みどりさんがまりさんのために一生懸命に「ガーベラ」を折る練習をして，まりさんのためにきれいな折り紙を用意したと思っています。みどりさんは思わず「でも，その『ガーベラ』の花びら，少し曲がってて，ヘンテコなの。」と言いました。しかし，まりさんはそんなことは気にしません。「みどりさんがこんなに難しい『ガーベラ』を練習して折ってくれただけで，すごくうれしいよ。私のためにこんなにきれいな折り紙まで用意してくれて本当にありがとう。ずっとずっと大切にするね。」と言っています。クラスのお友だちも集まってきました。担任の先生も見に来て，みどりさんが作った「ガーベラ」の折り紙がとても上手だとほめてくれました。

　みんながみどりさんをほめてくれますが，みどりさんはだんだんとしゃべらなくなりました。

みどりさんは，失敗作の「ガーベラ」をプレゼントとして，まりさんにあげました。みどりさんは失敗作だったことをまりさんに言うべきですか？　言うべきではありませんか？

◆失敗作だと言うべき。
◆失敗作だと言うべきでない。

（寺井　朋子　作）

❶ 「ガーベラの折り紙」の授業実践

(1)　主題名「誠実さについて考える」　　**教材名**「ガーベラの折り紙」

(2)　主題設定の理由（ねらい）

　この教材では「誠実さ」や「思いやり」，それらからつながる「よりよく生きる」を題材とした。誠実さや思いやりが良いことであることは疑いもないが，誠実な行為をした（プレゼントを準備する）と思って実行したことが，不誠実なことにもなりうるという葛藤について考えることがねらいである。葛藤状況である「正直に言うべきかどうか」については，相手のことを考えれば考えるほど誠実とは何かについて葛藤が深まる。「誠実さ」や「思いやり」について，様々な視点から考えるきっかけとしてほしい。

(3)　教材について（タイプⅡ）

　主人公のみどりは，友だちのまりといつもお誕生日には手作りのプレゼントをやりとりしている。しかし，みどりはまりのお誕生日を忘れており，おばあさんのために作成したガーベラの折り紙の失敗作を渡した。まりは自分のために難しい折り方を練習してきれいな折り紙を用意してくれたと思い，大変喜び，クラスメイトや担任の先生もみどりをほめてくれた。しかしみどりは，それが失敗作だったことに悩む。正直に失敗作だと言うべきだろうか。

(4)　学級の実態　（略）

(5)　価値分析表

　コールバーグの道徳性の発達段階に照らして，予想される児童の反応を表1に示した。

表1　価値分析表

まりに失敗作だと言うべき	まりに失敗作だと言うべきではない
段階1　罰回避と従順志向，他律的な道徳性	
・うそはいけないから。	・一生懸命に折ったことは本当だから。 ・言えば，まりが怒るから。
段階2　個人主義・道具的な道徳性	
・早く本当のことを言っておかないと，後でわかるともっと大変になるから。 ・言えばまりも許してくれるから。	・おばあさんへのプレゼントはクラスの誰も知らないことだから。 ・仲の良い友だち関係が悪くなるから。
段階3　良い子志向，対人的規範の道徳性	
・本当のことを言うのが当然だし，言わないと自分の気持ちがいつまでもすっきりしないから。	・喜んでいるまりの気持ちをがっかりさせるのは友だちとして良くないから。

❷ 展開（２時間扱いの授業展開）

●第１次の授業

配時	学習活動と主な発問	指導上の留意点
導入 5分	プレゼントをもらった経験を話し合う。 ○誕生日にプレゼントをもらったことはありますか。その時どんな気持ちでしたか。	・プレゼントをもらった経験について話し合うことで，児童が教材へ入りやすくする。
展開 30分	状況把握の確認と道徳的葛藤の明確化を行う。 ○みどりさんとまりさんはどんな友だちですか。 ○みどりさんはなぜ失敗作をそのままプレゼントしたのですか。 ○その時のみどりさんの気持ちはどうだっただろう。 ○プレゼントをもらったまりさんは，どんな気持ちだっただろう。 ○失敗作と知っているのは誰だろうか。	・教師が範読（立ち止まり読み）。 ・まりと毎年手作りプレゼントの交換をしており，まりからもプレゼントをもらっていることを確認する。 ・みどりには悪気がないことを確認すると同時に，２人のその時の気持ちを推測する。
終末 10分	道徳的葛藤の場面で主人公はどうすべきかを判断し，その理由づけをする。 ◎みどりさんは失敗作だと言うべきでしょうか。	・１回目の「判断・理由づけカード」への記入を行う。

●第２次の授業の準備

○１回目の判断・理由づけカードの内容を整理し，第２次で用いる書き込みカードを作成する。
○書き込みカードの「理由」部分を拡大したものを黒板掲示用に作成する。
○１回目の判断・理由づけから，論点になりそうな部分を予想し，発問を準備する。

●第２次の授業

配時	学習活動と主な発問	指導上の留意点
導入 5分	状況把握の確認と道徳的葛藤の明確化を行う。 ○みどりはなぜしゃべらなくなったのですか。	・みどりさんの迷いを確認する。
展開 前半 20分	「書き込みカード」に自分の意見を書き込む。 ○賛成・反対（○×）意見や質問をカードに書こう。 いろいろな理由づけに対して相互に意見を述べ	・「書き込みカード」に自分の意見を書き込むことで討論への準備を行う。 ・ペアトークからクラス全体へ広げ

第２章　新モラルジレンマ教材と授業展開

	合い，論点を明らかにしていく。	ることにより，意見を述べやすい
	○賛成・反対意見を自由に言おう。	雰囲気をつくる。
		・「言う」「言わない」の理由づけと
		それに対する賛成・反対意見がわ
		かるように板書する。
展開 後半 15分	論点を絞り，さらに意見を出し合う中で，自分 の考えを確かなものにしていく。 ○もし，失敗作だと言ったら，まりや周りの友 だちはどう思うだろうか。（Y） ○もし，このままずっと言わなかったら，みど りは，どんな気持ちで過ごすことになるだろ う。（Y） ○誰も知らないから言わなくてもいいの？（N）	・役割取得を促す発問（Y），認知 的不均衡を促す発問（N）でディ スカッションを方向づけ，児童の 思考を深める。 ・左記の発問をすべて用いるのでは なく，ディスカッションの流れに 応じて適宜用いる。
終末 5分	道徳的葛藤の場面で主人公はどうすべきかを再 度判断し，最も納得する理由づけを行う。 ◎みどりは喜んでいるまりに正直に話すべきか。	・再度「失敗作だと言うべきか」判 断し，その理由を「判断・理由づ けカード」に記述する。 ・何名かに発表してもらう。

❸ 授業を行う上での留意点

　「誠実・思いやりとは何かを考える」ことがねらいである。誠実だからこそプレゼントをあ
げたが，それが不誠実に受け取られることもあるということ，そして正直に言うことが相手の
気持ちを損なう可能性もある一方で，言わないことは，より不誠実ではないかということにつ
いて議論していく。

　本授業では，プレゼントを渡した後，「失敗作」だと言うべきか言うべきでないかに焦点を
当てながら，次のような役割取得を促す発問で，誠実さについて考えさせる。

○もし失敗作だと言ったら，まりや周りの友だちはどう思うだろうか。

○もしこのままずっと言わなかったら，みどりは，どんな気持ちで過ごすことになるだろう。

ワークシート　ガーベラの折り紙

名前　　　　　　　　　　年　　組　　番

(1) 書き込みカード

失敗作だと言うべき			失敗作だと言うべきでない		
理　由	○×	意見や質問	理　由	○×	意見や質問
1．うそはいけないから。			1．言えばまりがおこるから。		
2．後で本当のことがわかると大変だから。			2．だれも本当のことは知らないから。		
3．言わないといつまでも心がすっきりしないから。			3．言えば仲の良い友だち関係が悪くなるから。		
4．本当のことを言うのが当然だから。			4．喜んでいるまりをがっかりさせるのは，友だちとしてよくないから。		

(2) 判断・理由づけカード

みどりさんは失敗作だったことをまりさんに言うべきですか？	
失敗作だと言うべき	失敗作だと言うべきでない
そう考えた理由は？	

第2章　新モラルジレンマ教材と授業展開　　89

⑥ 「継ぎ獅子」と サトシの思い

> **対象**
> 小学校3〜4年生
> **内容項目**
> A−(4) 個性の伸長
> C−(16) 伝統と文化の尊重，国や郷土を愛する態度

　四国の中でもサトシが住む地域には，「継ぎ獅子」といって，人の上に人が立って獅子頭をかぶり獅子を舞うという，全国的にも例を見ない特徴のある獅子舞が伝統的な文化として残っていました。

　「継ぎ獅子」はお祭りに神社で奉納されます。サトシは今年，「獅子子」に選ばれたのです。獅子子になるのは小学生の男の子で，選ばれると2年間務めることになるのです。昔父もしたという獅子子に選ばれ，サトシはうれしい気持ちでいっぱいでした。

　3月に入ってすぐ，地域の公民館に，学校や仕事を終えた保存会のメンバーが集まりました。獅子舞保存会の世話役でありサトシの父であるタカシは，みんなに，

　「安全第一で，お願いします。事故があっては，祭そのものが台無しになります。」

と言いました。これまでにも，小さなけがをする大人はいたのです。幸いなことに，大きな事故には至らず，特に子どもは，土台や中台が崩れても，誰か大人がつかんで放さなかったので，大けがをすることはありませんでした。いよいよ，練習の開始です。まず，二継ぎといって大人の上に，獅子頭をつけた子どもが乗って演技することから始まりました。そして，中台と呼ばれる大人が加わった三継ぎが行われ，練習を重ねるにつれて，四継ぎへと中台の人数を増やしながら演技を進めていきました。4月の中旬になり，いよいよ五継ぎを練習することになりました。しかし，起きてはならないことが，ついに起こってしまいました。中台のバランスが崩れ，継ぎ獅子全体が崩れたのです。五継ぎの頂点にいたサトシは，5メートル以上の高さから下へたたきつけられたのです。骨折しなかったのが不思議なくらいで，体全体に打撲を負い，ひじやひざを痛めました。病院では，2週間の安静が必要と診断されました。

　サトシの母は，元々，危険を伴う獅子子に反対であったので，その心配様は相当なものでした。獅子舞の責任者である父のタカシに対してきつい口調で言いました。

　「サトシを上にのせるのは，絶対にやめさせてください。だいたい獅子舞も，無理に継ぎ獅子なんかしなくてもいいじゃないですか。子どもがけがをしていては祭どころじゃないでしょう。サトシは，7月にピアノのコンクールも控えているんですよ。次のコンクールで入賞すれば，プロへの道も開けるかもしれないのに，このけがで練習が十分できなくなるじゃないですか。」

　サトシは，音大を出た母の才能を受け継ぎ，ピアノを弾く才能に恵まれ，これまでにも大きなコンクールで何度も入賞し，ピアニストになる夢をもっていました。獅子子に選ばれてから

90

は獅子舞の練習もがんばり，大好きなピアノの練習も毎日欠かさなかったのです。ここで無理をしてさらに大きなけがを負い，ピアノが弾けなくなると大変です。サトシとしてもそれは本当に心配でした。母は，
「サトシ，学校でも，組体操で何段もの高さの『ピラミッド』をしなくなっているでしょ。運動会で見栄えがいいということでやってしまって，大きな事故になり，子どもに障がいを残すことになったニュースも最近あったのよ。継ぎ獅子も相当，危険であることがわかったでしょ。お母さんはあなたにピアノのほうでがんばってほしいの。けがが治ったら，ピアノの練習に集中してね。」
とサトシに獅子子をやめるよう言うのでした。
　獅子子を続けたい気持ちを持っていたサトシは，父にどうすればよいか相談しました。父は，サトシに慎重に話しました。
「継ぎ獅子には，天におられる神様に少しでも近づきたいという思いに加えて，稲が天まで伸びるほど五穀豊穣を祈願するという意味や氏子たちの結束を示す意味が込められている。継ぎ獅子の伝統を守っていくことは大切だ。しかし，獅子子には危険が伴う。この地域でも，継ぎ獅子をしなくなった神社も多くなった。お父さんはおまえに獅子子を続けてほしいが，お母さんの言うこともわかる。サトシのピアノの音は，お父さんも大好きだ。サトシがピアノの練習に集中したいなら，その考えを尊重しよう。」
　それを聞いたサトシは，「獅子子を続ける」べきか「ピアノの練習に集中する」べきか，さらに悩むのでした。

> サトシは，伝統ある継ぎ獅子の獅子子を続けるべきでしょうか。ピアノの練習に集中して才能を磨くべきでしょうか。

◆獅子子を続けるべき。
◆獅子子を続けるべきでない。

（村上　正樹　作）

❶ 「『継ぎ獅子』とサトシの思い」の授業実践

(1) **主題名**「伝統文化を受け継ぐ」　　**教材名**「『継ぎ獅子』とサトシの思い」

(2) **主題設定の理由（ねらい）**

　授業では，地域の伝統文化を受け継ぐことの意義を知ると同時に，受け継ぐためには危険が伴い，自分の才能をつぶしかねないというリスクがあり，覚悟が問われるという観点で話し合う。話し合うことで，伝統文化の崇高性を感じたり，自己の才能を伸ばすための「犠牲」について考えたりすることができ，それをねらいとして，本主題を設定した。この教材では，「伝統と文化の尊重，国や郷土を愛する態度」と「個性の伸長」との葛藤を中心に，「努力」「強い意思」「感動」「畏敬の念」などの間で起こる道徳的な価値葛藤の解決が問題となる。

(3) **教材について（タイプⅡ）**

　主人公のサトシは，地域の伝統文化である獅子舞の「獅子子」に選ばれている。獅子子は，「継ぎ獅子」の一番上に乗るので危険を伴う。実際にサトシがけがをする事故が起きてしまった。サトシはピアニストになるという夢を持っていて練習もがんばっていたが，しばらく練習できないことになってしまう。獅子子を続けて伝統文化を受け継ぎ，責任を果たしたい気持ちはあるが，それにはピアノが弾けなくなるかもしれないけがをしてしまうリスクがある。また，コンクールでいい成績を残すためには，集中してピアノの練習する必要がある。サトシは獅子子を続けるべきか，やめてピアノの練習に集中すべきか。

(4) **学級の実態**　　（略）

(5) **価値分析表**

　コールバーグの道徳性の発達段階に照らして，予想される児童の反応を表1に示した。

表1　価値分析表

獅子子を続けるべき	獅子子を続けるべきでない
段階1　罰回避と従順志向，他律的な道徳性	
・お父さんから獅子子を続けてほしいと言われた。 ・獅子子を続けないと保存会の人におこられる。	・またけがをするかもしれない。 ・お母さんにピアノのためにやめなさいと言われた。
段階2　個人主義・道具的な道徳性	
・獅子子を続けると，保存会の世話役であるお父さんが喜ぶ。 ・獅子子にせっかく選ばれたのに，途中でやめるのは悔しい。	・やめてピアノの練習に集中するとお母さんが喜ぶ。 ・獅子子を続けて，またけがをしてしまったら，ピアノのコンクールに出られなくなる。
段階3　良い子志向，対人的規範の道徳性	
・獅子子を続け継ぎ獅子を披露すると，地域の人に喜ばれる。 ・伝統文化を受け継いでいくことは地域にとって大事なことだ。	・獅子子をやめてピアノに集中することは，家族の期待にこたえることだ。 ・ピアニストになる夢に向かってがんばることになる。

❷ 展開（2時間扱いの授業展開）

●第1次の授業

配時	学習活動と主な発問	指導上の留意点
導入 5分	主人公の立場や，おかれた状況を読み取り，道徳的ジレンマに直面する。	・「継ぎ獅子」について知っていることを話し合う。 ・場面絵を提示しながら，教材読みを行う。
展開 35分	読み取りの誤りを修正したり，道徳的価値の生起する状況を共通理解したりすることにより，主人公の役割取得をし，道徳的葛藤を共通理解する。 ○継ぎ獅子をすることについてサトシはどう考えていたのでしょう。 ○サトシがけがをしてお母さんは，どういう理由で獅子子をやめさせようとしたでしょう。 ○お父さんの継ぎ獅子に対する考えを聞き，サトシはどんなことを思ったでしょう。 ○サトシは，将来何になりたくて，そのためにはどうすることが大事なのでしょう。	・教材の前段（継ぎ獅子が崩れ，サトシがけがをした部分まで）を読み，生活経験とつなげながら，状況把握を行う。 ・教材の後段を読み，サトシには夢があり，獅子子をすることは夢を壊すかもしれないリスクを伴うことを確認する。 ・母の言葉は，継ぎ獅子の批判というより，サトシの体を心配し，将来のことを考えてのものだということを確認する。 ・父の言葉は，伝統文化を受け継ぐ意義を説いていて重みがあるが，サトシのことをきちんと考えていることを押さえる。
終末 5分	道徳的葛藤の場面で主人公はどうすべきかを判断し，その理由づけをする。 ◎サトシは，どうすべきだろう。	・1回目の「判断・理由づけカード」への記入を行う。

●第2次の授業の準備

○1回目の判断・理由づけカードの内容を整理する。
○1回目の判断・理由づけから論点になりそうな部分を予想し，発問を準備する。
○第2次で用いる書き込みカードを作成する。

●第2次の授業

配時	学習活動と主な発問	指導上の留意点
導入 5分	状況把握の再確認と道徳的葛藤の明確化を行う。 ○サトシは，何を悩んでいるのですか。 ○どうして，悩まなければならないのですか。	・継ぎ獅子の伝統文化を受け継ぐことの意義と，獅子子を続けることで背負うリスクについて確認する。
展開 前半 15分	学級全員の理由づけを分類した「書き込みカード」に自分の意見を書き込むことで，自分とは違う他者の考えに気づく。 ○賛成・反対（○×）意見や質問をカードに書こう。 ○班の中で，話し合おう。	・「書き込みカード」に自分の意見を書き込むことでモラルディスカッションへの準備を行う。 ・自分の考えを書き，小集団（ペア）で話し合うことで，発言が苦手な児童の意見表明の場とする。
展開 後半	いろいろな理由づけに対して学級全体で意見を述べ合い，論点を明らかにしていく。	・書き込みカードの「理由」の部分を拡大して黒板に掲示し，どの部分の意見

第2章　新モラルジレンマ教材と授業展開 | 93

20分	○賛成・反対意見を発表しよう。 ○サトシが獅子子をやめると，どんなことが起きるだろう。 ○獅子子を続けて，ピアノが弾けなくなるけがをすると，どうなるのだろう。 論点を絞り，さらに意見を出し合う中で，自分の考えを確かなものにしていく。 ○もし，獅子子をやめてしまうとサトシはどんな気持ちになるだろう。 ○獅子子を続けてピアノの練習があまりできなくなると，サトシはどんな気持ちになるだろう。 ○地域の伝統文化のために，サトシができることはどんなことだろう。 ○自分の夢のために自分の才能を磨くとはどういうことだろう。	か視覚的にわかるように配慮する。 ・意見がかみ合うように，同じ部分についての意見を発表させる。 ・教師は対立点がわかるように児童の意見を板書する。 ・役割取得を促す発問や認知的不均衡を促す発問でディスカッションを方向づけ，児童の考えを深める。 ・ディスカッションの流れに応じて適宜，論点を掘り下げるような発問をしていく。
終末 5分	道徳的葛藤の場面で主人公サトシはどうすべきかを再度判断し，自分が最も納得する理由づけを行う。 ◎サトシは，どうすべきだろう。	・2回目の「判断・理由づけカード」への記入を行う。

第2次の板書計画

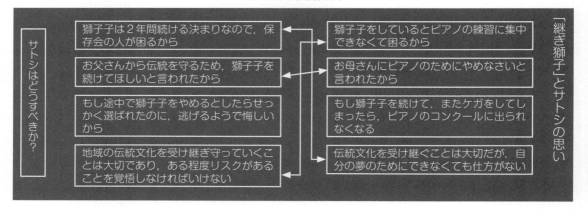

❸ 授業を行う上での留意点

「伝統文化の崇高性」を感じたり，自己の才能を伸ばすための「犠牲」について考えたりするというねらいの基に，1回目の判断・理由づけを行う。自分の思いを明確化させるために「書き込みカード」に，自分の考えやそう考える理由を記入させる。授業展開前半のモラルディスカッションでは，「伝統と文化の尊重，国や郷土を愛する態度」と「個性の伸長」の観点から，様々に意見交換を行う。また展開後半では，論点を絞って討論を行う。

その後，最終的な判断・理由づけを行うが，反対の立場をすべて否定するというのではなく，共感的に受け入れるが，いろいろな意見を聞き，自分なりに検討した結果，その判断に至ったという態度で臨むことが望まれる。

ワークシート 「継ぎ獅子」と サトシの思い

名前

年　組　番

(1) 書き込みカード

獅子子を続けるべき			獅子子を続けるべきでない		
理　由	○×	意見や質問	理　由	○×	意見や質問
1．獅子子は2年間続ける決まりなので，保存会の人が困る。			1．獅子子をしているとピアノの練習に集中できなくて困る。		
2．お父さんから伝統を守るため，獅子子を続けてほしいと言われている。			2．お母さんにピアノのためにやめなさいと言われた。		
3．もし，途中で獅子子をやめるとしたらせっかく選ばれたのに，逃げるようで悔しい。			3．獅子子を続けて，またけがをしてしまったら，ピアノのコンクールに出られなくなる。		
4．地域の伝統文化を受け継ぎ守ることが大切で，ある程度リスクを覚悟しなければいけない。			4．伝統文化を受け継ぐことは大切だが，自分の夢のためにはできなくても仕方がない。		

(2) 判断・理由づけカード

サトシは，どうすべきだろう。	
獅子子を続けるべき	獅子子を続けるべきでない
そう考えた理由は？	

....
....
....
....
....
....

第2章　新モラルジレンマ教材と授業展開　　95

⑦　ぜったいひみつ

> **対　象**
> 小学校3～6年生
> **内容項目**
> B－(9) 友情，信頼　　A－(2) 誠実
> C－(11) 規則の尊重

「おはよう」

　7月に入って毎日暑い日が続いていたが，みんな元気に登校している。「ねえ，のり子さんはまだ……。どうかしたのかしら。」「きのう，体育の時に見学していたから，もしかすると休みかも……。」

　のり子は，2年前にこの学校に転校してきた。とても活発で，みんなともすぐに仲良くなった。それまで，どちらかというと無口で，少しひっこみじあんだったよしえは，のり子と同じ班になってから，授業中でも積極的に発表するようになり，今では，学級会係の班長をしている。そして，「自分がみんなの前でも，あがらずに話ができるようになったのは，のり子さんのおかげだ。」と，よしえは心の中で感謝していた。そんなこともあって，2人はいつも一緒に遊ぶ大の仲良しだった。

　しかし，のり子は，お父さんの仕事のつごうで，この1学期が終わると，青森県のほうに転校してしまうことになっていた。1週間前に，先生からその話を聞かされた時は，よしえをはじめ，クラスのみんなはとてもがっかりした。そして，だれとはなしに，「のり子さんのお別れ会をしよう。」と言い出し，みんなの大さんせいとなった。でも，のり子は，まだそのことを知らない。

　キーンコーンカーンコーン

　朝の会が始まった。のり子はまだ登校していない。どうやら休みのようだ。

　「のり子さんが休んでいるから，お別れ会のことを相談しようよ。」と，かずおが言い出した。「よしえさん，早く相談しようよ。」「そうしよう。そうしよう。」

　みんなとてものり気のようだ。よしえは，さっそく，みんなの意見を聞き始めた。

　「ゲームをしよう。」「プレゼントはどうするの。」「班の出し物もしようよ。」

　いろいろな意見が出され，やっとプログラムが決まった。その中でも，特に，「班の出し物をがんばってしよう。」ということになった。

　「じゃあ，これでいいですか。ほかに意見がなければ，この計画でいきたいと思います。お別れ会まで，あと1週間しかないので，どの班もがんばってください。」

　よしえがそう言いかけた時，どこからか，

　「このお別れ会のことはのり子さんにはひみつにしておこうよ……のり子さんをおどろかすんだ。」という声が聞こえた。

　「さんせい。きっとのり子さんびっくりするよ。」「そうしよう。」「それがいい。」「さんせい。」

けっきょく,お別れ会のことは,どんなことがあっても,ぜったいひみつにしておくことになった。
　次の日。「おはよう。」
　のり子が元気でやってきた。
　しかし,クラスのみんなは「おはよう。」と返事しただけで,なにかヒソヒソとまた話をしている。のり子はいつもとちがう教室のふんいきに,「みんなどうしたのかな……。」と思いながら,ランドセルをかたづけた。そこに,よしえがやってきた。
　「よしえさん……。」
　のり子がよしえに向かって何か言おうとした時,それをさえぎるように,班のみんながよしえを呼び止めた。そして,のり子には聞こえないような声で,「ぜったいひみつだよ。よしえさんは,特にのり子さんと仲がいいから注意しろよ。」と言った。
　「だいじょうぶだよ。まかせておいて。」よしえは,ニコッとして答えた。
　「ねえ。何の相談だったの。」のり子がよしえに聞いた。「別になんでもないのよ。」
　よしえは,首を横にふって,ニッコリ笑った。
　お別れ会まであまり日がないこともあって,休み時間や放課後も,グループに分かれて,お別れ会の出し物の相談や準備をすることが多かった。
　「ねえ,何の相談なの……。」のり子が近づくと,みんなサッと相談をやめてしまう。そんな日が2,3日続いた。のり子は,休み時間や放課後も一人ぼっちになることが多くなった。
　お別れ会まであと2日となった日のことだ。よしえは,班のみんなと出し物の相談をした後,1人で学校から帰った。その帰り道の途中のことである。
　「よしえさーん。」
　後ろのほうから声がした。ふりむくと,のり子が息を切らして走ってくる。
　「よしえさん,わたしはもうすぐひっこしするのよ。ついこの前までは,あんなに楽しく遊んでいたのに,このごろではあまり話してもくれない。よしえさんだけじゃなくってほかのみんなもよ。あと2日でみんなとお別れなのに……。」と,よしえに言った。
　いっしょうけんめいに話すのり子のことばを聞いたよしえは「はっ」とした。よしえは,しばらく考えていたが,「ごめんなさい。」とだけ言って,走り去った。

よしえはどうすべきだろう。

◆お別れ会のことをのり子に言うべき。
◆お別れ会のことをのり子に言うべきでない。

（畑　耕二・道徳性発達研究会　作）

❶ 「ぜったいひみつ」の授業実践

(1) 主題名「友だちについて考える」　　**教材名**「ぜったいひみつ」

(2) 主題設定の理由（ねらい）

　友だちのためにと思ってしたことが，相手のためにならないことがある。また，学級での約束は，みんなが楽しく安全に暮らせるためにある。この教材では，「信頼友情」と「規則の尊重」との葛藤を中心に，「誠実」「友だちとの関係」「みんなとの関係」「学級での決まり」などの間で起こる道徳的な価値葛藤の解決が問題とされている。

(3) 教材について（タイプⅠ）

　よしえは，2年前に転校してきたのり子のおかげで活発になり，今では，学級会係の班長をしている。ところが，のり子はもうすぐ家の都合で転校してしまう。それを知ったよしえやクラスのみんなは，のり子が欠席した時，のり子のためにお別れ会を計画する。そして，そのことは，のり子を喜ばすために「絶対に秘密にしておこう」と約束する。その日から，のり子は一人ぽっちになることが多くなった。そんな時，のり子から「ついこの前までは，みんなとあんなに楽しく遊んでいたのに，このごろでは，あまり話もしてくれない。」と言われる。さみしそうにしているのり子を見たよしえは，本当のことを言うべきか，言わないでおくべきかと迷ってしまう。

(4) 学級の実態　（略）

(5) 価値分析表

　コールバーグの道徳性の発達段階に照らして，予想される児童の反応を表1に示した。

表1　価値分析表

お別れ会のことを言うべき	お別れ会のことを言うべきでない
段階1　罰回避と従順志向，他律的な道徳性	
・家の人や先生が，友だちと仲良く助け合わなければいけないと言っている。 ・友だちを悲しませるようなことをすると，その家の人に叱られる。	・規則を破ると先生や家の人に叱られる。 ・みんなで作ったルールや約束ごとを守らないと，みんなにいじめられる。
段階2　個人主義，道具的な道徳性	
・友だちを助けておくと，自分も友だちに助けてもらえる。 ・友だちに親切にすれば，何かお礼がもらえる。 ・友だちの言うことを聞かないと，嫌われて遊んでもらえない。 ・友だちの信頼を裏切ると，自分が後悔していい気持ちがしない。	・規則を守らないと先生に叱られる。 ・約束ごとを守れば，家の人がお小遣いをくれる。 ・みんなとのルールや約束ごとを破れば，仲良く遊んでもらえないで損をする。 ・規則やルールを守らないと，嫌な気分が残って，後悔する。
段階3　良い子志向，対人的規範の道徳性	
・○○すれば，友だちは喜んでくれる。 ・人が困っている時に助けてやらないのは，友だちとして恥ずかしいことだ。 ・仲の良い友だちであれば，誰でも○○するだろう。 ・友だちを悲しませるようなことをしたり，友だちと助け合わなかったら，まわりの人から悪く思われる。	・決まりをきちんと守って行動すれば，家の人や学校の先生もきっと喜んでくれるだろう。 ・クラスの一員としてみんなで決めたこと（規則，ルール，約束ごと）は守らなければ，みんなに悪い。 ・約束を守ることをみんなが望んでいるし，ルールを守って行動することは当然である。

❷ 展開（１時間扱いの授業展開）

配時	学習活動と主な発問	指導上の留意点
導入 5分	・転校していった友だちのことを思い出す。 ○今までどんな人が転校していきましたか。 ○転校していく人のためにお別れ会をしましたか。その人はどんな気持ちだったでしょうか。	※転校していった友だちを思い出すことによって，その人の気持ちを考えさせる。
展開 前半 15分	・教材を読みながら，よしえの気持ちを考える。 ○なぜお別れ会のことを秘密にしておくのでしょう。 ○一人ぼっちになったのり子さんはどんな気持ちでしょう。 ・よしえさんまでどうしたのかな。 ・皆と一緒に遊びたい。 ◎しばらく考えていたよしえさんはでどうしたでしょう。 ・言う（　人） ・言わない（　人） ・わからない（　人）	・教師の範読 ※児童の反応を確かめ，立ち止まりながら，教師が読む。その際，のり子とよしえの人間関係，中心場面の状況把握に時間をかける。 ※のり子の悲しみ，さびしさに共感させる。 ※よしえの判断を児童に知らせる前に，よしえがどうしたかを考えさせる。 ◎第1回目の(1)「判断・理由づけカード」への記入を行う。
展開 後半 20分	・よしえの判断について考える。 よしえの判断　→　「ごめんなさい。」と言って走り去りました。 ○よしえの判断に賛成ですか，反対ですか。 〈言う〉 ・仲の良い友だちだ。 ・のり子がさびしそう。 ・このままお別れ会をしても，のり子は喜んでくれない。 ・のり子は少しでも長い間，みんなと楽しく過ごしたいと思っている。 〈言わない〉 ・みんなに怒られる。 ・約束を破ることになる。 ・お別れ会の時，のり子を驚かすことができない。 ・みんなが一生懸命準備していることが無駄になる。	※よしえの考えに対して賛成か，反対かという最初の判断をさせる。その後，賛成・反対・わからないの3つの判断毎に席を移動し，その理由を児童の相互指名を中心に話し合わせる。 ※この話し合いの前半は友だちの考えに対する自由な質疑，後半は問題点を絞った話し合い，「のり子の気持ち」「約束の意味」をどのように捉えるかという視点で行う。
終末 5分	・よしえはどうすべきだったかを判断し，理由づけを書く。 ◎よしえはどうすべきだったのだろう（H)* ・言う（　人） ・言わない（　人） ・わからない（　人）	話し合ったことを基に，各自，自分の考えを整理し，最終の判断・理由づけをする。 ◎第2回目の(2)「判断・理由づけカード」への記入を行う。 ※クラスの班長として，またのり子の友だちとして，クラスのみんなの気持ちやのり子の気持ちを考えることの大切さに気づかせる。

*よしえは，言うべきだったのか言うべきでなかったのか，を判断する時，「のり子さんは今何をどんなふうにしたいのか」とそれだけではダメで「クラスのみんなはどういうつもりで今準備しているか」をよく考えて，書いてください。

第2章　新モラルジレンマ教材と授業展開　99

板書計画

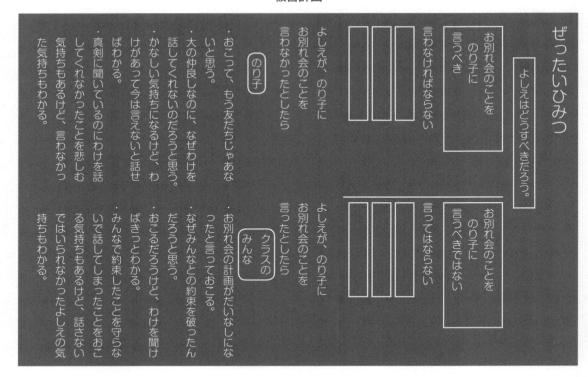

❸ 授業を行う上での留意点

本教材では，友だちの気持ちを考えて，助け合ったり，励まし合ったりすることの大切さに気づかせることをねらいとする。また，学級のみんなで決めた決まりはなぜあるのか，何のための決まりなのかを考えさせることもねらっている。そこで，次のような点に留意する。

〇相互指名を行う

　教師が児童の発言を評価するのではなく，児童が自分たちのディスカッションで道徳的価値を深めていけるようにしたい。そのため，児童間相互のコミュニケーションを大切にする。

〇席を移動する

　よしえの判断「言う」「言わない」「わからない」の3つの席に教室を分け，児童が自分の判断した席に移動する。こうすることで，児童は自分の立場を明確にでき，友だちの立場を知ることもできる。また，教師も児童の立場がわかる。

〇教師が論点を提示する

　1時間構成の授業であるため，多くの論点でディスカッションを行うと時間的制約から価値の内面化ができにくい。そこで「学級会係の班長だから，約束は守らなければならない」と「あと2日，言うのを我慢してお別れ会をすれば，のり子は喜んでくれる」の2つに絞る。このように授業を行い，児童に自らの理由づけを深めていってほしい。

ワークシート ぜったいひみつ

名前 ＿＿＿＿＿＿　年　組　番

(1) 判断・理由づけカード

よしえはどうすべきだろう。	
お別れ会のことをのり子に言うべき	お別れ会のことをのり子に言うべきでない
そう考えた理由は？	

(2) 判断・理由づけカード

よしえはどうすべきだろう。	
お別れ会のことをのり子に言うべき	お別れ会のことをのり子に言うべきでない
そう考えた理由は？	

第2章　新モラルジレンマ教材と授業展開　101

小学5〜6年

① 氷上のＦ１ ボブスレー

対象
小学校5〜6年生，中学生
内容項目
A−(5) 希望と勇気，努力と強い意志
B−(8) 感謝　　　D−(22) よりよく生きる喜び

　その日，真美さんは，ただならぬ覚悟と気合でスタート地点に立った。冬季オリンピック開催地カナダのバンクーバー。アスリートにとって最高の晴れ舞台であるオリンピックに，日本女子ボブスレー代表として2回目の出場を果たし，スタートを直前に控えていた。

　「4年前の2006年2月，イタリアのトリノ冬季オリンピックは，出るためにできることをやってきた。しかし，今回，私は勝つため，ここバンクーバーに来た。」と強い思いで臨んだ。

　ボブスレー競技は，滑走速度が最高で時速150km近くに達する氷上のＦ１と呼ばれており，いつも危険と恐怖がつきまとう。女子競技は2人乗りで，前に乗りソリの操縦を行うパイロットと，スタートでソリを押し助走で勢いをつけながら後ろに乗るブレーカーによりスピードを競い，タイムの結果で順位が決まる。桧野真奈美選手，愛称，真美さんはパイロットである。

　ボブスレーを紹介しよう。上位選手では100分の1秒を競い，その違いが順位に影響するスリリングなスポーツである。パイロットの運転技術は，経験を積むほど確実に向上していく上，他の競技に比べて競技年齢がずっと高い。遅咲きの真美さん（元スピードスケート・陸上選手）にとってきわめて魅力的な競技である。また日本ではほとんど知られていないスポーツである。

　時は，2001年にさかのぼる。真美さんは，今回が3回目のオリンピック出場となるはずだった。というのは，2001年12月には，翌年2月実施の冬季オリンピックへの初出場権を獲得していたが，開催まぎわに選手団の人数調整により取り消しとなり涙をのんでいたからだ。その後，高校時代からの古傷であった右膝十字靭帯を断裂し500針を縫う大手術に耐え，長期の過酷なリハビリを克服し，練習を続けた。強豪オランダナショナルチームのコーチ，ロバートが彼女を指導したことで，実力をつけ，4年後に，ボブスレーでアジア女子初，日本女子初のトリノ冬季オリンピック出場を決めたのだった。結果は16チーム中15位だったが，大健闘と言われた。強豪国が1台数千万円のソリを使う中，日本は資金不足から使い回した旧式の350万円ほどのソリ（スポーツカーと軽自動車レベルの競争に匹敵）での出場だった。まさに快挙といえる。

　「まだ私は，やり切れていない。悔しい。勝ちたい。次のオリンピックでは勝ちに行く。」という決意を胸に，真美さんは，さらに4年後のオリンピックを目指したのだった。

　しかし，当時，ボブスレーは日本ではマイナースポーツであり，人気もなかった。このために常に資金不足で，専任のコーチ代をはじめ，高額なソリ代，海外遠征費等の活動資金に事欠く有様であった。「オリンピックで上位入賞を果たすためなら，いくら練習が過酷でも，どんな苦労でも自分は我慢できる。応援してくれる家族，学生時代の恩師や職場の同僚，スポンサーである企業の方々の暖かい励ましや期待になんとしても応えたい。」

彼女は，いつも自分にそう言い聞かせ，全国を回って熱心に資金集めをした。さらに，彼女の専任コーチを無償で引き受けた元オランダナショナルチームのコーチ，ロバートから，競技者としての技術や考え方を徹底的に学び，各種大会で実力をつけていった。時には，転倒が続き，スランプで悩んだこともあった。そのたびに，「これまでも，もっと大きな壁にぶつかっては乗り越えてきた。今度も必ず乗り越えられる。私は，一人ではない。自分は生かされている。感謝の気持ちを競技で恩返ししよう。」と。こうして２度目のオリンピック出場を勝ち取った。
　この頃から，真美さんは世界でも，日本ボブスレー界の第一人者と言われるようになっていた。いよいよ滑走順番となりスタートラインに立った時，真美さんは心の中で，言い聞かせた。「自分ができること，やれることは，すべてやり切った……。」颯爽とソリに乗り滑走する真美さんとブレーカー。転倒することなく氷のコースを思い切り力強く疾走し，ゴールを切ることができた。ところが，結果は前回より順位を下げた16位。「よくやったよ。真美の思いは十分伝わってきたよ。」というねぎらいの言葉を耳にするも，がっくりと肩を落とした真美さんは，心の中で呟いた。「やり切った感はあったのに，何とも言えない悔しい気持ち……，これが限界かな……。」
　真美さんはオリンピックからしばらくして，コーチのロバートのいるオランダを訪れた。
　「今回のオリンピックでも，世界との差を感じました。全力でやり切ってこの結果だったので，自分の力のなさを受け入れるしかありません。でも，よい結果を出せなかったことが，とても悔しい。それに，もう一つ悔しさがあります。私は，この競技のおかげで，アスリートとしても，人間としても大きく成長できたし，生きていく上で大切なものを得たと実感しています。この100分の１秒を競うボブスレーの魅力を，もっと日本の人々に知ってほしいし，もっと若い人にも挑戦してもらいたい。この願いが，どこまで果たせたのか……。」
　「ボブスレーの競技年齢は，他のアスリートと比較しても高い。４年後のオリンピックに挑戦し，よい結果を残すことが皆さんへの恩返しになる。一方で，競技者として私が残ることが，ボブスレー界にとって本当に良いことだろうか。目先の４年後より，今日本は競技として残れるのかどうかの瀬戸際にいる。監督からも，若手育成の指導者として活躍してほしいとの話もあり，私の経験を次の世代に伝えていく時期ではないか……。」
　真美さんの心の中で，「引退か？　続行か？」の２つの言葉が，激しく揺れ動いた。

　真美さんは，現役を退くべきだろうか。それとも，続けるべきだろうか。

◆現役を退くべき。
◆現役を続けるべき。

（楜澤　実　作）

❶ 「氷上のＦ１　ボブスレー」の授業実践

(1)　**主題名**「生き方について考える」　　**教材名**「氷上のＦ１　ボブスレー」

(2)　**主題設定の理由（ねらい）**

　内容項目「希望と勇気，努力と強い意志」や「感謝」，「よりよく生きる喜び」との関わりで葛藤する場面を取り扱っている。児童は，自分自身をより高めたいと願っているが，困難な状況に出会うと挫折し諦めたり，自信を持てず夢と現実との違いを意識したりすることもある。一方で，こうした困難や失敗，弱さを乗り越えて，より良い人生を送りたいという心も持っている。したがって，自分の希望に向かい，自分を奮い立たせ乗り越える人間の強さや支えてくれた多くの人の善意に対する感謝の心に何をもって応えるのか等を考える機会を通して，人間としての誇りある，夢など喜びのある生き方につなげていきたいと考え，本主題を設定した。

(3)　**教材について（タイプⅡ）**

　教材「氷上のＦ１　ボブスレー」は，パイロットとして２度のオリンピック出場を果たした桧野真奈美選手の生き方を基に，小学校高学年用にアレンジし作成したものである。挫折と困難を乗り越える「強い意志」や多くの人の支えに対する「感謝」，そして，日本のボブスレー界の未来のためにどうすることが「よりよく生きる」ことなのかで悩むという設定である。

(4)　**学級の実態**　　（略）

(5)　**価値分析表**

　コールバーグの道徳性の発達段階に照らして，予想される児童の反応を表１に示した。

表１　価値分析表

現役を退くべき	現役を続けるべき
段階１　罰回避と従順志向，他律的な道徳性	
・監督から指導者になるように言われている。	・家族や支援者からオリンピック出場を強く期待されている。
段階２　個人主義・道具的な道徳性	
・ここまでやって結果が出なかったし，競技人口を増やすためには若手を育成するしかない。	・オリンピックに出ないと夢は叶わないしもったいない。 ・オリンピックでの活躍がボブスレーの知名度を上げる。
段階３　良い子志向，対人的規範の道徳性	
・ここまでがんばれたことで悔いはない。引退したとしても，今までの努力は無駄ではない。学んだことを若い世代への指導という新たな目標に生かすことも，感謝の方法で恩返しにもなる。	・自分の夢は達成されていない。悔いがあるなら，あきらめず強い気持ちで納得できるまで続ける。また，結果を出すことで支えてくれた人々へ感謝の意を表すとともに，ボブスレー活性化にもつなげる。
段階４　社会システムと良心の道徳性	
・日本の女子ボブスレー界発展のためには，今から若手アスリートを育てていく必要がある。感謝の気持ちとして後進の育成へ貢献することは崇高な使命であり，人として成長でき生きる喜びである。	・このまま競技生活を終えると一生悔いが残る。困難な状況を克服し，夢を実現することが，人としてより良い生き方であり，女子ボブスレー界の発展にも寄与できる。それが責任であり，義務である。

❷ 展開（２時間扱いの授業展開）

●第１次の授業

配時	学習活動と主な発問	指導上の留意点
展開 35分	1．教材「氷上のＦ１　ボブスレー」を読む。 2．状況の共通理解と道徳的葛藤状況を明確に理解する。 ○2002年冬季オリンピックの初出場権利を獲得していながら，出場できなかった真美さんはどんな気持ちだったのだろうか。 ○500針を縫う大手術や長期リハビリを乗り越えてつかんだ４年後のトリノ冬季オリンピックで，総合15位だった時，真美さんはどんな気持ちだったのだろうか。 ○マイナースポーツとして扱われていたボブスレー競技にもかかわらず，さらに，４年後のオリンピック出場を目指せたのは，なぜだろうか。 ○２度目のオリンピック出場の結果が16位に終わった時，真美さんはどんな気持ちだったのだろうか。 ○今の日本のボブスレー界は，どんな状況なのだろうか。 ○コーチであるロバートに話している真美さんは，何に迷っているのだろうか。 ・現役を退くべきか，続けるべきかで迷っている。	○教材を黙読させる。 ○その後，教師による範読。 ・生徒の反応を見ながら，立ち止まり読みを行い，直美さんの気持ちに共感させ寄り添う。 ○幾度もの挫折や困難を乗り越えていく様子から，真美さんの生き方を考える。 ○葛藤の内容をしっかりと押さえる。
終末 10分	3．最初の判断を下し，その理由づけを記述する。 ◎真美さんはどうすべきだろうか。 　現役を退くべき　　　現役を続けるべき	◎１回目の「判断・理由づけカード」への記入を行う。

●第２次の授業の準備

○１回目の判断・理由づけカードの内容を整理し，第２次で用いる書き込みカードを作成する。
○書き込みカードの「理由」部分を拡大したものを黒板掲示用に作成する。
○１回目の判断・理由づけから，論点になりそうな部分を予想し，発問を準備する。

●第２次の授業

配時	学習活動と主な発問	指導上の留意点
導入 前半 3分	1．前次の学習活動を振り返る。 　葛藤状況を再確認し，道徳的葛藤を明確に把握する。 ○真美さんはどのようなことで，迷っていますか？ 　現役を退くべき　か，現役を続けるべき　かで迷っている。	○教材をもう一度読ませる。 ○葛藤状況を確認する。 ・前次のワークシートを返却し，自分の判断・理由づけを確認させる。
導入 後半 7分	2．クラスの理由づけを分類整理した「書き込みカード」に自分の意見を書き込むことにより，自分とは違う他者の考えに気づく。 ○賛成・反対（○×）意見や質問をカードに書こう。	○「書き込みカード」に自分の意見を書き込み，モラルディスカッションへの準備を行う。 ・発言が苦手な児童の意見表明の場とする。
展開 前半 15分	3．いろいろな理由づけに対して相互に意見を述べ合う中で，論点を明らかにしていく。 ○賛成・反対意見を自由に言おう。	○書き込みカードの「理由」を拡大して黒板に掲示する。 ・意見が散らばらないように，同じ部分についての意見を発表させる等，進め方を工夫する。

第２章　新モラルジレンマ教材と授業展開　｜　105

		・教師は対立点がわかるように生徒の意見を板書する。
展開 後半 15分	4．論点を絞り，さらに意見を出し合う中で，自分の考えを確かなものにしていく。 ○もし，真美さんが現役を退いた場合，真美さんはどのような気持ちになるだろうか。また，続けた場合はどうか。（Y） ○もし，真美さんが現役を退いた場合，周りの人はどう考えるだろうか。また，続けた場合はどうか。（Y） ○もし，真美さんが現役を退いた場合，日本の女子ボブスレー界にどのような影響があるだろうか。また，続けた場合はどうか。（K） ○真美さんが，現役を退くという選択は，人としての生き方として，どう考えるか。（D） ○日本の女子ボブスレー界にとって世界と戦うために，必要なことは何だろうか。（Y） ○このような場合，現役を続けることが，周りの人たち（あるいは日本）の期待に応えることになるのだろうか。（また，退く場合はどうか。）（N）	○役割取得を促す発問（Y），結果を類推する発問（K），道徳的価値の重要性の根拠を求める発問（D），認知的な不均衡を促す発問（N）でディスカッションを方向づけ，生徒の思考を深める。 ・左記の発問をすべて用いるのではなく，ディスカッションの流れに応じて適宜用いる。 ＊その他の考えられる発問例 ○真美さんが，そこまでして現役を続けたいのはなぜなのだろうか。（D） ○真美さんにとっての責任や義務とは，どうすることなのだろうか。（D）
終末 5分	5．道徳的葛藤の場面で直美さんはどうすべきかを再度判断し，自分の最も納得する理由づけを行う。 ◎真美はどうすべきだろうか。 　現役を退くべき　　現役を続けるべき	○2回目の「判断・理由づけカード」への記入を行う。 ・本時の板書を眺め，納得できる意見を取り入れるよう指示する。

❸　授業を行う上での留意点

　本教材は，「よりよく生きる喜び」や「希望と勇気，努力と強い意志」，「思いやり，感謝」の狭間で揺れる主人公真美さんの悩みを描いたものである。真美さんが置かれた状況を正確に理解し，真美さんの取るべき行動を話し合わせることにより，強い意志を持つことの大切さや感謝の表し方，より良い喜びのある生き方に目を向けられるよう，深く考えさせたい。教材では，はじめに幾度もの挫折や困難にも負けず，夢に向かって強い意志を持ち努力していく真美さんの姿に共感させていきたい。教材後半では，真美さんが，日本のボブスレー界の未来のために，そして，支えてくれた多くの人々への感謝の気持ちに応えるために，世界と戦うべく自分にできることは何かで，悩んでいることを理解させたい。

　そして，真美さんの立場に立って，「現役を退くべきなのか，それとも続けるべきなのか」の判断を各自で下し，討論をさせる中で，困難を乗り越える人間の強さ，新たな夢や希望に向け感謝しながら生きることについて考えさせたい。特に，他者の意見，根拠に触れ，より高い判断・理由づけに到達する第2次においては，意見を交換し合う中で，各自の判断の理由づけの深化を図り，より積極的で前向きな自己像を形成させるとともに，誇りあるより良い生き方を求める心について理解することで，人間としての生きる喜びを感得させたい。

【参考文献】桧野真奈美著　2010　『ゆっくりあきらめずに夢をかなえる方法』ダイヤモンド社

ワークシート

氷上のＦ１（エフワン） ボブスレー

名前　　　　　　　　　　年　　組　　番

(1) 書き込みカード

現役を退くべき				現役を続けるべき		
理　由	○×	意見や質問		理　由	○×	意見や質問
1．ここまでやって結果が出なかった。競技人口を増やすためには若手を育成すべきだ。				1．オリンピックに出ないと夢は夢。出場して活躍することこそボブスレーが注目される。		
2．監督から，指導者になるように言われている。				2．家族や支援者からオリンピック出場を強く望まれている。		
3．ここまでがんばれたことに悔いはない。引退しても，学んだことを若い世代の指導に生かすことは，感謝の方法で恩返しになる。				3．夢半ばであり，あきらめずに強い気持ちで続ける。結果を出すことが支えてくれた人々への恩返しであり，ボブスレー活性化につながる。		
4．女子ボブスレーを発展させるために，若手アスリートの養成は欠かせない。この貢献こそ真美さんに望まれている崇高な使命と考えられる。				4．困難を克服し，夢をかなえることこそが，人としてより良い生き方であり，女子ボブスレー界の発展にも寄与できる。それが，責任であり義務である。		

(2) 判断・理由づけカード

現役を退くべき	現役を続けるべき
そう考えた理由は？	
....	

第2章　新モラルジレンマ教材と授業展開　107

② メダカとカダヤシ

対象 小学校5～6年生
内容項目
D－(19) 生命の尊さ
C－(12) 規則の尊重

ナレーション：5年白組では，学級の水そうで5匹のメダカの稚魚を飼育していました。当番さんがエサをあげたり水替えをしたり，水そうは学級の皆をなごませていました。

ある日，ユウイチさんがメダカの仲間を増やそうと，近くの川でとってきた大きなメダカを水そうに入れました。学級のみんなはメダカが増えて大喜びです。翌朝，たしか10匹になっていたメダカがなんと，7匹になっていました。メダカがどこにいなくなったのか，学級では大騒ぎ。水そうをよく見ると，メダカの大きさや形が少し違っています。"どうしてだろう" と不思議に思っていると，

シンゴ：「あれ，これ "カダヤシ" じゃないの。」

ユウイチ：「え～何それ。」（学級文庫から『水中生き物図鑑』を持ってきた。）

チカ：「カダヤシは，尾ビレが丸く，大阪の淀川や大和川，ため池や沼などに生息する。水田や用水路，池や河川の流れがおだやかな所の水面近くを泳ぎ，昆虫やミジンコなどのプランクトン，ボウフラなどを食べる雑食性※」（と読む。それを周りで聞いている様子。）

シンペイ：「もしかしたら，雑食性のカダヤシに食べられてしまったのかも。」

ユウイチ：「このままじゃ，メダカがいなくなっちゃう。」

チカ：（図鑑を眺めていた。）「カダヤシは蚊の幼虫のボウフラを食べるから，病気をまき散らす蚊を駆除するために100年も前から日本に持ち込まれ，川や池に放されたんだって。工業が発展する中で水が汚れて，大量の蚊が発生して，殺虫剤じゃない駆除は歓迎されたんだって。でも，カダヤシの繁殖力が強くて，メダカの卵や稚魚を食べて絶滅させるかもしれないから，10年前に外来生物法という法律で，飼育することも野外に放つことも禁止されているんだって。」

シンゴ：「えー，じゃあ，この水そうのカダヤシをどうしたらいいの。」（図鑑をのぞき込む。）

シンペイ：「"外来生物は駆除しなければならない" って書いてある。」（叫ぶ。）

ナレーション：（皆はだまって，教室は静かになった。）

さて，5年白組さんは，カダヤシを駆除すればよいのでしょうか。それとも駆除しないでいいのでしょうか。

※成魚は尾びれや背びれが食いちぎられる被害も出ています。

> 5年白組は，どうすべきだろう。

◆カダヤシを駆除すべき。
◆カダヤシを駆除すべきでない。

（峯 明秀 作）

❶ 「メダカとカダヤシ」の授業実践

(1) **主題名**「生命の尊さ」　　**教材名**「メダカとカダヤシ」

(2) **主題設定の理由（ねらい）**

　３−(1)生命がかけがえのないものであることを知り，自他の生命を尊重する，とある。また，４−(1)公徳心をもって法やきまりを守り，自他の権利を大切にし進んで義務を果たす，とある。本題材は，童謡「めだかの学校」として親しまれてきたメダカと，蚊の駆除を目的して日本に持ち込まれ，野外に放されたカダヤシに焦点を当てる。多くの人はカダヤシについては知っておらず，メダカとの違いに気づいていない。カダヤシ（蚊絶やし）は北アメリカ原産で，ボウフラ（蚊の幼虫）を捕食し，汚濁に比較的強く，水質浄化に役立つとして1913年ごろから移入された外来種である。1970年代以降，急速に分布を広げている。環境や生態系への関心が高まる中，人間によって意図的に持ち込まれたり，外国から送られてきた荷物や自然界で偶然に入ってきたりする外来生物は分布を拡大し，在来種の生息・生育を脅かしたり，農林水産業に被害を及ぼしたりするなど，様々な被害を及ぼすおそれがある。2006年にカダヤシは外来生物法施行令により，飼育の制限を受け，放つことが禁止されている。生態系の関心が高まる中，「生命の尊さ」と「規則の尊重」との葛藤を中心に，自然愛護や環境保全，人間の活動の責任，法やきまりの遵守などの間で起こる道徳的な価値葛藤の解決が問題とされている。

(3) **教材について（タイプⅡ）**

　子どもたちが川や池で目にするメダカとカダヤシは姿や形が似ているが，カダヤシは日本に持ち込まれた外来種の魚である。さらに，世界特定外来生物（淡水魚８種　世界ワースト100）及び日本の侵略的外来種ワースト100に選定されている。カダヤシの飼育，放流は法律によって原則禁止されている。さて，メダカと思って水そうに入れたカダヤシが飼育も放流もできないのだとしたら，どのような対応が考えられるだろうか。そして，生態系に影響を及ぼす外来生物を駆除しなければならないとしたらどうだろうか。また，カダヤシを持ち込んだ人間には責任はないのかなど，様々に広がりを持って考えられる。人として，法を守って駆除すべきか，駆除すべきでないか？　実際のところ，どうすればよいのだろうか。

(4) **価値分析表**

　コールバーグの道徳性の発達段階に照らして，予想される児童の反応を表１に示した。

表１　価値分析表

カダヤシを駆除すべき	カダヤシを駆除すべきでない
段階１　罰回避と従順志向，他律的な道徳性	
・きまりを守らなければ罰せられるから。	・カダヤシがかわいそう。メダカも命は同じ。
段階２　個人主義，道具的な道徳性	
・メダカの稚魚や卵が食べられるかもしれない。	・メダカが食べられるとは限らない。

第２章　新モラルジレンマ教材と授業展開　｜　109

・メダカを守るためには仕方がない。	

段階3 良い子志向, 対人的規範の道徳性	
・カダヤシを持ち込んで困っているユウイチさんを助けることになる。	・学級のみんなでカダヤシのめんどうを見る責任がある。

段階4 法と秩序の維持	
・カダヤシは外来種で在来種を守るためには仕方がない。駆除は在来種を守ることになる。 ・法律やきまりを守るのは社会における義務や責任を果たすことになる。	・既に自然界（川や池）にカダヤシがいっぱいいるから, 逃がしても構わない。 ・カダヤシを持ち込んだのは人間だから, カダヤシの生命を守る責任がある。

❷ 展開（1.5〜2時間扱いの授業展開）

●第1次の授業

配時	学習活動と主な発問	指導上の留意点
導入 5分	・教材を読んで, 5年白組の状況を整理し, 何が問題になっているのかを確認する。	教材を役割分担して読ませる。
展開 前半 8〜 15分	○もしカダヤシをメダカと分けなかったら, 水そうはどうなるだろうか。 ○カダヤシは, 外来生物として飼育が禁止されている。メダカの卵を食べたり, 尾びれを食いちぎったりするカダヤシをどうする。	・メダカの卵や稚魚がカダヤシに食べられてしまう。 外来生物としての揺さぶり発問として, オーストラリアやニュージーランドの対応を示す。
展開 後半 7〜 15分	最初の判断を行う。 「カダヤシ（特定外来種）を駆除する, それとも駆除しない」道徳的価値の生起する状況を共通理解する。 カダヤシについて, 個人やグループで調べ学習を行ったり, 次時のディスカッションの準備をしたりする。	・挙手やネームプレートを使い判断を確認する。 ・カダヤシが日本に持ち込まれた背景や現状の資料, 外来生物法の内容の資料を配付する。
終末 10分	自分の判断とその理由を書く。 ◎5年白組は, どうすべきだろう。	1回目の(2)判断・理由づけカードへの記入を行う。

●第2次の授業

配時	学習活動と主な発問	指導上の留意点
導入 展開 前半 10〜 15分	・葛藤状況を再確認し, (1)「書き込みカード」に自分の意見を書き込むことで, いろいろな考えに触れる。 ○賛成・反対（○×）意見や質問を書こう。 「生命の尊さ」と「規則の尊重」の価値に対して, 相互に意見を述べ合い, 論点を明らかにしていく。 ・いつ, どのようにカダヤシは日本に入ってきたのか ・メダカを守るためには, カダヤシの命を奪ってよいか。 ・法律を守らずにこのまま飼育してよいだろうか。	○教材をもう一度読ませる。 ・カダヤシが日本に持ち込まれた背景について調べさせる。 ○理由を述べて, 意見を出させる。 ・法律や罰則を確認する。
展開 後半	論点を絞り, さらに意見を出し合う中で, 自分の考えを確かなものにしていく。	ディスカッションを方向づけ, 児童の思考を深める。

10〜15分	・世界や日本の侵略的外来種に選定されたのはなぜか。 ・外来生物は駆除されても仕方がないのか、人間には責任はないか、生命を尊重することと、法を守ること、どちらを優先させるのかなど、考えを発表させる。	・アライグマのＴＶアニメとペットブーム、放棄された結果、増加し外来生物として駆除されている事実を知らせる。
終末7分	各自で、道徳的葛藤の場面で5年白組はどうすべきかを判断し、その理由づけをノートにまとめる。 ◎5年白組は、どうすべきだろう。	・(2)「判断・理由づけカード」への記入を行う。

板書計画

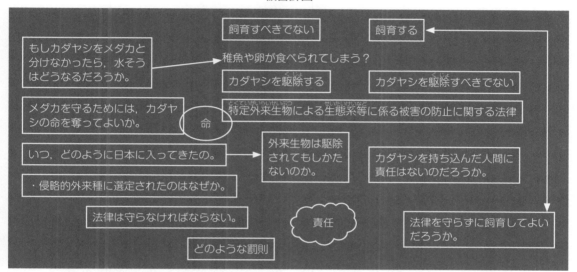

❸ 授業を行う上での留意点

　本教材は、生命の尊重と同時に、法を守るという観点で話し合うことで、いのちの大切さと決まりの重要性、自然界における人間の活動のあり方について包括的に考えることをねらいとする。モラルディスカッションに先立って、自己の考えを明確化するために、「書き込みカード」に意見や質問を記入する。
○カダヤシをそのまま水そうに入れていたら、どうなるだろう。
○メダカを守るために、カダヤシを駆除したら、どんな気持ちになるだろう。

　このカードは、事前に教材読み及び1回目の判断・理由づけを行っている場合は、その記述から作成しておく。討論では、まず、生命の尊重、規則の遵守の観点から、「飼育を止めるべき」「飼育すべき」の立場で、自由に意見交換を行う。後半では、「駆除すべき」「駆除すべきでない」について、次の発問で、論点を絞ってディスカッションを行う。
○生態系を守るためには特定外来生物の生命を奪ってよいだろうか。
・カダヤシは特定外来生物だから駆除してもよいのだろうか。
・カダヤシを人間が持ち込んだ責任はないだろうか。

○法律違反をしてカダヤシを飼うことは許されるだろうか。
　その後，最終的な判断と理由づけを行う。なお，モラルジレンマ授業は，立場を明確にして討論を行う形式で授業を進めるが，反する立場の意見でも，納得できることは受け入れるという共感的な態度での討論が重要である。

〈参考資料〉
　メダカとカダヤシは姿や形が似ているが，メダカはサンマやトビウオと同じダツ目，カダヤシはグッピーなどとともにカダヤシ目に属し，類縁関係は比較的遠い。大きな違いはメダカが卵生で卵を産むのに対して，カダヤシは卵胎生で，体内で卵をふ化させるため，子どもを産む。尻ビレの形状は，メダカとカダヤシの区別点となり，メダカでは尻ビレが体に沿って長く，特にオスで発達しているのに対して，カダヤシでは体と接する部分は比較的少ない。また，尾ビレはカダヤシでは後縁が丸くなっているのに対して，メダカでは直線的である。さらに，メダカでは眼の上半分が青色を帯びるが，カダヤシはそうならない。(www.kannousuiken-osaka.or.jp/zukan/station/osaka/tansui/medakadahikaku.html 大阪府立環境農林水産総合研究所ホームページより，2016.4.20)

○特定外来生物による生態系等に係る被害の防止に関する法律（平成16年6月2日法律第78号）は，外来生物の規制及び防除に関する日本の法律である。外来生物法，外来種被害防止法と略される。カダヤシは，第二次指定種として2005年12月に追加指定された。

ワークシート

メダカとカダヤシ

名前 ｜ 年　　組　　番

(1) 書き込みカード

カダヤシを駆除すべき			カダヤシを駆除すべきでない		
理　由	○×	意見や質問	理　由	○×	意見や質問
1．メダカの稚魚や卵が食べられてしまうから。			1．メダカもカダヤシも命に変わりないから。		
2．カダヤシは特定外来種で飼育や放流が法律で禁止されている。			2．学級で飼い始めたのだからみんなで責任を持つ必要がある。		
3．在来種のメダカや生態系を守るためだから。			3．外来種を持ち込んだのは人間だから責任を持つ必要がある。		
4．命は大切だけど，法律を守らないと罰せられる。			4．自然界にはカダヤシが既にたくさんいるから逃がしても構わない。		

(2) 判断・理由づけカード（第1・2）

5年白組は，どうすべきだろう。	
カダヤシを駆除すべき	カダヤシを駆除すべきでない
そう考えた理由は？	

....

....

....

....

....

....

....

....

第2章　新モラルジレンマ教材と授業展開 ｜ 113

③ 仲直り

対象
小学校5〜6年生
内容項目
B−(10) 友情，信頼

　佳奈は，家が近くで，幼稚園の頃からいつも遊んでいた幼なじみ。私と同じでおとなしいタイプ。

　あかりは，2年生のとき転校してきた。優柔不断でなかなか何も決められない私に，いつも相談にのってくれたり，アドバイスしてくれたりする。

　佳奈も私も，あかりが積極的で何でもぐんぐん引っ張ってくれるので，すぐに仲良くなった。

　それからは，クラスが別々になっても，休みの日はいつも3人で誰かの家に集まって遊んだり，どこかへ出かけたり，いつもいっしょだった。

　今年は，3人が同じクラスになった。クラス発表の時，3人で大喜びしたのを覚えている。それが，あの時から少しおかしくなってしまったのだ。

　それは，夏休みのある日のことだった。その日は，私の家で3人で遊んでいたのだが，この後どこへ行って遊ぼうか話していた時，佳奈とあかりがけんかになってしまったのだ。

あかり：「今からどこへ遊びに行こうか。美紀はどこへ行きたい？」

美紀：「どこって……。」

あかり：「佳奈は？」

佳奈：「うーん。」

あかり：「ショッピングモール行こう。あそこなら涼しいから。」

　いつもなら，そうしようと言ってあかりの意見どおりになるのだが，この日は違った。

佳奈：「そんな急にどこへ行きたいか聞かれても，すぐに答えられないよ。あかりは，いつもそうやって何でも勝手に決めてしまう。」

　私は，佳奈がそんなことを言うとは思わなかったので，少しびっくりした。

あかり：「それは，美紀も佳奈もいつも迷ってしまって，何も決められないからでしょ。だからいつも私が提案しているのよ。」

　こんなことがあったので，この日は，佳奈とあかりは，気まずい雰囲気になってしまって結局どこへも行かなかった。そして，そのまま夏休みも終わってしまった。

　2学期になって学校が始まっても気まずい雰囲気は残っていた。私は，佳奈ともあかりとも話をするが，佳奈とあかりは話をしない。それに，あかりは積極的なので他の友だちとも仲良くしているのだが，おとなしい佳奈は，一人でいることもよくあった。私はそんな佳奈が気に

114

なっていた。そして「また3人で仲良くしたいな。」と，思っていた。
　そんなある日の昼休み，あかりが話しかけてきた。
あかり：「美紀，明日の土曜日，公園で遊ぼうよ。他にも2人さそってあるんだ。」
美紀：「うん。いいよ。佳奈も呼ばない？」
あかり：「う〜ん。あの時から，佳奈とはなんだか変になっちゃって。だから……。」
　美紀は心の中で，土曜日一緒に遊びながら，あかりに佳奈と仲直りするように話そうと思った。

　その日の帰り道，美紀は家が近くの佳奈と一緒に帰った。
佳奈：「美紀，明日の土曜日，映画観に行かない？　お母さんが映画のチケットもらって，美紀ちゃんも一緒にさそえばって言ってるから，行こう。行こう。」
美紀：「あかりも呼ばない？」
佳奈：「チケットは3枚しかないから，お母さんと私たちの分だけなの。」

　最近，一人ぼっちになることが多い佳奈のことをいつも気にしていた美紀は，あかりと遊ぶ約束をしていることを言い出すことができない。

「以前のように3人で仲良くしたい。」と思っている美紀は，佳奈にどう答えるべきでしょうか。

◆映画に行くと言うべき。
◆映画に行かないと言うべき。

そして，そう答えた後，美紀はどんなことができるでしょうか。

（堀田　泰永　作）

❶ 「仲直り」の授業実践

(1) **主題名**「友だちと仲良く」　　**教材名**「仲直り」

(2) **主題設定の理由（ねらい）**

　高学年になるにつれ，これまで以上に友だちを意識するようになり，仲の良い友だちとの信頼関係を深めていこうとする。それに伴い，仲間集団を作る傾向も強くなり，そのため，疎外されたように感じたり，友だち関係で悩んだりすることもある。

　そこで本教材では，3人の仲間集団に起こったぎくしゃくした関係を扱い，友情を取り戻すにはどうすべきかを考えることとする。ここでは，「友情・信頼」を中心に，「親切・思いやり」「公正・公平」「相互理解・寛容」などの内容が関わる。

(3) **教材について（タイプⅠ）**

　ひかえめなタイプの美紀と佳奈，積極的なタイプのあかりの3人は，大の仲良しだった。

　夏休みのある日，佳奈とあかりがちょっとしたことでけんかしてしまい，それ以来，2学期が始まっても気まずい日が続いている。

　そんなある日，主人公の美紀は，土曜日にあかりと公園で遊ぶ約束をした。その日の帰り道，佳奈からも映画のチケットがあるので，一緒に映画に行こうと誘われる。

　以前のように3人で仲良くしたいと思っている美紀は，映画に行くと答えるべきか，映画に行かないと答えるべきか。

(4) **学級の実態**　（略）

(5) **価値分析表**

　コールバーグの道徳性の発達段階に照らして，予想される児童の反応を表1に示した。

表1　価値分析表

映画に行くと言うべき	映画に行かないと言うべき
段階1　罰回避と従順志向，他律的な道徳性	
・佳奈にきらわれるから。	・あかりにきらわれるから。
段階2　個人主義，道具的な道徳性	
・映画のほうが楽しいから。 ・あかりは他に2人誘っていて，遊ぶ相手がいるから。	・公園のほうが楽しいから。 ・大勢で遊んだほうが楽しいから。 ・先に約束したのは，あかりだから。
段階3　良い子志向，対人的規範の道徳性	
・佳奈が一人ぼっちになってかわいそうだから。 ・仲直りのために，お母さんのチケットをあかりにあげて，3人で映画を観に行けばよい。	・公平にするために映画も公園も断り，断った理由を2人に話す。 ・仲直りのために，チケットはまた今度3人で行くために残しておく。後日あかりも誘う。

❷ 展開（２時間扱い及び1.5時間扱いの授業展開）

●第１次の授業（1.5時間扱いの場合は，第１次を行わず，朝自習や宿題で各自教材を読み，１回目の判断・理由づけを行う。）

配時	学習活動と主な発問	指導上の留意点
展開 40分	主人公のおかれた状況を読み取り，道徳的ジレンマに直面する。 読み取りの誤りを修正したり，道徳的価値の生起する状況を共通理解することにより，主人公に役割取得し，道徳的葛藤を共通理解する。 ○３人はどんな性格ですか。 ○夏休みに，３人にどんなトラブルが起きましたか。 ○みんなも似たような友だちとのトラブルの経験はありませんか。 ○２学期になってからの美紀は，どんなことを思っていますか。 ○美紀は，誰とどんな約束をしただろう。	・３人の関係と性格を確認する。 ・トラブルの確認をし，自分たちのことも振り返る。（トラブルの内容や，その時の気持ち，どう解決したかを発表し合う。） ・美紀の思いを話し合う。
終末 5分	道徳的葛藤の場面で主人公はどうすべきかを判断し，その理由づけをする。 ◎美紀は，どうすべきだろう。（H）	・１回目の「判断・理由づけカード」への記入を行う。

●第２次の授業の準備

○１回目の判断・理由づけカードの内容を整理し，第２次で用いる書き込みカードを作成する。
○書き込みカードの「理由」部分を拡大したものを黒板掲示用に作成する。
○１回目の判断・理由づけから，論点になりそうな部分を予想し，発問を準備する。

●第２次の授業

配時	学習活動と主な発問	指導上の留意点
導入 前半 5分	状況把握の再確認と道徳的葛藤の明確化を行う。 ○美紀は，何を迷っているのですか。 ○なぜ迷っているのですか。	・３人の性格と，現在の状況，美紀の思いを確認する。
導入 後半 5分	学級全員の理由づけを分類した「書き込みカード」に自分の意見を書き込むことにより，自分とは違う他者の考えに気づく。 ○賛成・反対（○×）意見や質問をカードに書こう。	・「書き込みカード」に自分の意見を書き込むことでモラルディスカッションへの準備を行う。 ・発言が苦手な児童の意見表明の場とする。
展開 前半 10分	いろいろな理由づけに対して相互に意見を述べ合い，論点を明らかにしていく。 ○賛成・反対意見を自由に言おう。	・書き込みカードの「理由」の部分を拡大して黒板に掲示する。 ・意見が散らばらないように，同じ部分についての意見を発表させる等，進め方を工夫する。 ・教師は対立点がわかるように児童の意

第２章　新モラルジレンマ教材と授業展開

展開 後半 20分	論点を絞り，さらに意見を出し合う中で，自分の考えを確かなものにしていく。 ○もし，映画を観に行くと言ったら，あかりはどう思うだろう。（Y） ○美紀の思いを伝えたら，あかりはわかってくれるだろうか。（Y） ○もし，映画を観に行かないと言ったら佳奈はどう思うだろう。（Y） ○この後美紀は，どんなことができるだろう。（K）	・役割取得を促す発問（Y），行為の結果を類推する発問（K）でディスカッションを方向づけ，児童の思考を深める。 ・仲直りするために，この後美紀はどんなことができるか「映画に行くと言う」「映画に行かないと言う」それぞれの立場でワークシートに書き，発表する。
終末 5分	道徳的葛藤の場面で主人公はどうすべきかを再度判断し，自分の最も納得する理由づけを行う。 ◎美紀は，どうすべきだろう。（H）	・2回目の「判断・理由づけカード」への記入を行う。 ・板書を眺め，納得できる意見を取り入れるよう指示する。

第2次の板書計画

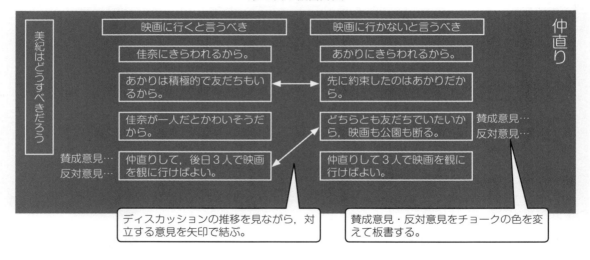

❸ 授業を行う上での留意点

　本来，ジレンマ授業では，葛藤場面での判断の根拠となる理由づけの形式（表1の価値分析表）が重要であり，ディスカッションを通して，教師の発問や他の児童の意見を聞くことにより，より高次の考えに移行していくことを目的としている。本授業でもこの目的に沿った展開を行うが，最後に，「以前のように3人で仲良くしたいと思っている主人公の美紀は，この後，どんなことができるだろう。」と問い，「映画に行くと言う」「映画に行かないと言う」それぞれの立場でワークシートに書き，発表する。これは，判断の形式だけではなく，判断の内容にも踏み込む発問である。それは，この教材にあるようなちょっとしたことからけんかになってしまい，仲直りのきっかけを持てないままになってしまうことが，小学校高学年にはよくあるからであり，そんな時の解決方法について知恵を出し合ってほしいという意図からである。

仲直り

年　　組　　番
名前

(1) 書き込みカード

映画に行くと言うべき			映画に行かないと言うべき		
理由	○×	意見や質問	理由	○×	意見や質問
1．佳奈にきらわれるから。			1．あかりにきらわれるから。		
2．あかりは積極的で友だちもいるから。			2．先に約束したのはあかりだから。		
3．佳奈が一人だとかわいそうだから。			3．どちらとも友だちでいたいから，映画も公園も断る。		
4．仲直りして3人で映画を観に行けばよい。			4．仲直りして，後日3人で映画を観に行けばよい。		

(2) 判断・理由づけカード

美紀は，どうすべきだろう。（1回目）	
映画に行くと言うべき	映画に行かないと言うべき
そう考えた理由は？	
…………………………………………………………………………………………	

美紀は，どうすべきだろう。（2回目）	
映画に行くと言うべき	映画に行かないと言うべき
そう考えた理由は？	
…………………………………………………………………………………………	

⬇　　　　　　　　　　　⬆

3人で仲良くしたいと思っている美紀は，この後どんなことができるだろう。

……………………………………………………………………………………………………

第2章　新モラルジレンマ教材と授業展開

④ どうする？「あかつき」チーム

対象
小学校 5〜6 年生
内容項目
A−(6) 真理の探究　　　C−(14) 勤労
C−(14) 公共の精神

　みなさんは，金星という星を知っていますか。「地球になれなかった星」「地球の兄弟星」などとよばれる星です。それは，地球と同じぐらいの大きさで，太陽からのきょりもにていて，地球のすぐ内側で太陽のまわりを回っているからです。しかし，実際には金星と地球の様子は全く違っています。

　その金星をよく調べるために，日本が計画したのが，金星探査機「あかつき」を使った調査です。生まれたころはよくにていたはずなのに，現在は二酸化炭素のじゅうまんした空気をもち，空には硫酸の雲がうかび，時速400キロメートルを超える暴風が吹きすさぶまるで地獄のような星となっています。なぜ，このような星になってしまったのか。この理由がわかれば，地球が生命あふれる星になれた理由や今問題になっている温暖化のしくみを解き明かす手がかりが得られると考えられています。

　そこで，主に金星の気象を調査する目的で，金星探査機「あかつき」がつくられました。「あかつき」を担当するチームに与えられた予算は約250億円でした。金星の地獄のような環境で調査をさせるため，打ち上げから4.5年もつように設計されました。

　2010年5月21日，「あかつき」は金星に向けて打ち上げられました。そして，約半年後，金星の近くに到達しました。12月7日，金星の調査を行うため，金星のまわりを回るための軌道に入る時が来ました。ところが，メインエンジンの故障のため，金星のまわりを回ることができなかったのです。道に迷ってしまったかに見えた「あかつき」ですが，かろうじて太陽のまわりを回る軌道にいました。「あかつき」チームが計算した結果，約6年後にもう一度金星を回る軌道に入るチャンスがあることがわかったのです。

　「何としても，再チャレンジをし，成功させたい。」

　「あかつき」チームのスタッフはみなそう考えました。しかし，そのためには次のような条件が立ちはだかっていたのです。

① 　再チャレンジのチャンスは6年後，たった1回。失敗は許されない。

② 　メインエンジンはこわれているが補助エンジンは動く。ただし，燃料がもつかどうか。

③ 　「あかつき」の設計上のじゅ命は，4.5年。

④ 　再チャレンジまでに9回，太陽熱のしゃく熱地獄をくぐりぬけなければならない。

　宇宙に関しては，日本でもトップクラスの優秀なスタッフが集まる「あかつき」チームです。①〜④の条件をクリアして，金星のまわりを回る軌道に「あかつき」をたどりつかせることは，可能性のないことではないでしょう。

しかし，仮に軌道に入ることに成功したとしても，設計じゅ命4.5年の「あかつき」が予定通りの観測を行うことは難しいかもしれません。ここで，「あかつき」をあきらめれば，優秀なチームスタッフは，別の計画の大きな力になれるはずです。実際，国際宇宙ステーションを活用した研究や宇宙空間からＸ線を観測するASTRO-Hなどの準備が進められています。

「あかつき」チームは，再チャレンジを目指すべきでしょうか。それとも，あきらめて他の計画でその力を発揮するべきでしょうか。

◆再チャレンジを目指すべき。
◆再チャレンジをあきらめるべき。

（森川　智之　作）

【参考】
「あかつき」についてくわしく知りたい場合は，JAXA（宇宙航空研究開発機構）の下のWebページを見てください。
「金星探査機『あかつき』（PLANET-C）」http://www.jaxa.jp/projects/sat/planet_c/

ASTRO-H：2016年2月17日に打ち上げられたＸ線天文衛星。Ｘ線を使うと宇宙での爆発・衝突などダイナミックな動きが見えるといいます。ASTRO-Hは，このような観測を行うため，アメリカのNASAや世界各国の協力を得て開発したものです。打ち上げ後は，「ひとみ」という新しい名前が与えられました。
　ただ，残念なことに，打ち上げ後の3月26日には「ひとみ」からの通信が届かなくなってしまったそうです。その後，JAXAでは，懸命に復旧を試みたそうですが，結局「ひとみ」の運用は断念されました。「ひとみ」について，詳しく知りたい人は下のページを見てください。
「Ｘ線天文衛星『ひとみ』（ASTRO-H）」http://fanfun.jaxa.jp/countdown/astro_h/
　なお，JAXAのWebページでは，「あかつき」や「ひとみ」も含めて，様々な画像や動画が用意されています。イメージを広げてみたいと考えている場合には，以下のページも参考にしてください。
「JAXAデジタルアーカイブス」http://jda.jaxa.jp/index.php

【参考文献】
JAXA（宇宙航空研究開発機構）2003　JAXA Webページ http://www.jaxa.jp/

❶ 「どうする？『あかつき』チーム」の授業実践

(1) **主題名**「科学の発展のために」　　**教材名**「どうする？『あかつき』チーム」

(2) **主題設定の理由（ねらい）**

　宇宙開発には膨大な時間と労力と資金がかかる。それだけのコストをかけても失敗が繰り返される。それなのになぜ，人はチャレンジをやめないのか。真理の探究という点では格好の題材である。しかし，一方で日本の宇宙開発には税金が投入されている。いちかばちかのチャレンジを何度も繰り返すわけにはいかない。こうした宇宙開発に携わる人々の苦悩を取り上げて考えさせることで，宇宙開発に携わりたいという気持ちや，宇宙開発をサポートしようという気持ちが芽生えるのではないか。以上の考えから本主題を設定した。

(3) **教材について（タイプⅡ）**

　金星探査機「あかつき」は，1回目の金星軌道への投入に失敗する。しかし，わずかながら再投入の可能性が残される。再チャレンジの機会は，当初の計算では6年後にやってくる。しかし，「あかつき」の設計寿命は4.5年。軌道投入に成功したとしても当初予定された観測ができるかどうか。「あかつき」に関わるチームスタッフはいずれも優秀な人材である。彼らがもし，他のプログラムに6年間取り組めば「あかつき」を超える成果を上げられるかもしれない。「あかつき」チームは，再チャレンジを目指すべきか。他の計画でその優れた力を発揮するべきか。

(4) **学級の実態**　（略）

(5) **価値分析表**

　コールバーグの道徳性の発達段階に照らして，予想される児童の反応を表1に示した。

表1　価値分析表

再チャレンジを目指すべき	再チャレンジをあきらめるべき
段階1　罰回避と従順志向，他律的な道徳性	
・失敗したままだと予算のむだづかいだと非難されるから。	・失敗を重ねてしまったら，それこそ予算のむだづかいだと余計に非難されるから。
段階2　個人主義・道具的な道徳性	
・少しでも可能性があるのにチャレンジしないのは納得できないから。	・別のプロジェクトに優秀なスタッフを携わらせたほうが良い結果が得られるから。
段階3　良い子志向，対人的規範の道徳性	
・少しでもチャンスがあればトライすることがたとえ結果が失敗に終わっても科学の発展に貢献することになるから。	・可能性が0ではなくても，当初の観測予定が全うできないことは明らか。コスト面を考えても，あきらめるべき。

❷ 展開（２時間扱い及び1.5時間扱いの授業展開）

●第１次の授業（1.5時間扱いの場合は，第１次を行わず，朝自習や宿題で各自教材を読み，１回目の判断・理由づけを行う。）

配時	学習活動と主な発問	指導上の留意点
展開 40分	１．教材「どうする？『あかつき』チーム」を読む。	・立ち止まり読みを用いることにより，教材に描かれている状況を確実に把握させる。
	２．葛藤状況を理解する。 ○再チャレンジのために，チームの前に立ちはだかった条件とは，どのようなものだったか。 ○「あかつき」を金星の軌道にたどりつかせることは不可能なことだったか。 ○仮に軌道にたどりついたとして，その他不安なことはなかったか。 ○もし，再チャレンジをあきらめた場合，チームスタッフにはどのような仕事が待っていたか。	・厳しい条件がいくつもあることを確かめさせる。 ・それでも不可能ではないが，軌道投入に成功できても，本来の目的である観測までできるかとなると極めて難しいことだということを確かめさせる。 ・優秀な人材を失敗の可能性の高いことに６年用いるのか，他の可能性に転用することがよいのかを考えさせる。
終末 5分	３．最初の判断を行い，その理由づけを記述する。 ◎「あかつき」チームは，再チャレンジを目指すべきか。それとも，あきらめて他の計画でその力を発揮するべきか。（H）	・１回目の「判断・理由づけカード」への記入を行わせる。

●第２次の授業の準備

○１回目の判断・理由づけカードの内容を整理し，第２次で用いる書き込みカードを作成する。
○書き込みカードの「理由」部分を拡大したものを黒板掲示用に作成する。
○１回目の判断・理由づけから，論点になりそうな部分を予想し，発問を準備する。

●第２次の授業

配時	学習活動と主な発問	指導上の留意点
導入 前半 5分	葛藤状況把握の再確認をし，道徳的葛藤の明確化を行う。 ○「あかつき」チームは，どのような問題を抱えていましたか。	・葛藤状況を確認させる。 ・前時のワークシートへの記入内容を確認させる。
導入 後半 7分	学級全員の理由づけを分類した「書き込みカード」に自分の意見を書き込むことにより，自分とは違う他者の考えに気づく。 ○賛成・反対（○×）意見や質問をカードに書きましょう。	・「書き込みカード」に自分の意見を書き込むことで討論への準備を行わせる。 ・発言が苦手な児童の意見表明の場とする。
展開 前半 13分	様々な理由づけに対して相互に意見を述べ合い，論点を明らかにしていく。 ○賛成・反対意見を自由に言おう。	・書き込みカードの「理由」の部分を拡大して黒板に掲示する。 ・意見が散らばらないように，同じ部分についての意見を発表させる等，進め方を工夫する。 ・教師は対立点がわかるように児童の意

第２章　新モラルジレンマ教材と授業展開　123

展開後半 15分	論点を絞り，さらに意見を出し合う中で，自分の考えを確かなものにしていく。 ○もし，再チャレンジをあきらめた場合，どのような結果が生じるだろうか。（K） ○もし，再チャレンジをした結果，失敗に終わったら，世間はどう反応するだろうか。（Y） ○科学の発展のためには，たとえ多額の損害が出たとしてもチャレンジを続けるべきか。（N） ○税金が投入されている事業では，わずかな科学の発展の可能性にかけるのではなく，より確実な事業を進めるべきか。（N）	・役割取得を促す発問（Y），結果を類推する発問（K），認知的不均衡を促す発問（N）でディスカッションを方向づけ，児童の思考を深める。 ・左記の発問をすべて用いるのではなく，ディスカッションの流れに応じて適宜用いる。
終末 5分	道徳的葛藤の場面でどうすべきかを再度判断し，自分の最も納得する理由づけを行う。 ◎「あかつき」チームはどうするべきだろう。（H）	・2回目の「判断・理由づけカード」への記入を行う。 ・板書を参考に，納得できる意見を取り入れるよう指示する。

第2次の板書計画

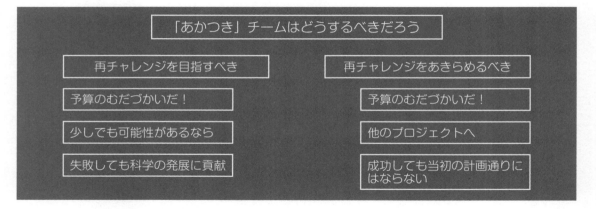

❸ 授業を行う上での留意点

　本教材では，純粋に真理の探究のために努力を続けようとする思いと，税金によって支えられているという立場や，だからこそ自らの才能や資質をより可能性の高い分野に投じるべきとの公共性の高い職業観との間の葛藤を描いている。250億円もの予算を投じて，当初の目的を達成できない責任は大きい。しかし，いたずらに5～6年の間，有能な人材を失敗に終わる可能性が大きい職務につけることによる損害は，むしろ貴重な時間の損失のほうが問題ではないか。奇しくもこの時期，JAXAは，はやぶさ2の打ち上げに向けて佳境に入ったころであり，他にも教材に描かれているASTRO-HやISS（国際宇宙ステーション）関係のプロジェクトも同時進行していた時期である。1回目の軌道投入に失敗したとはいえ，「あかつき」チームの経験とデータが生かされる場は少なくなかったはずである。このような状況の中での判断を問うことによって，結果として宇宙開発により興味関心を抱くことにつながるように指導したい。

ワークシート

どうする？「あかつき」チーム

名前　　　　　　　　　　　　年　　組　　番

(1) 書き込みカード

再チャレンジを目指すべき			再チャレンジをあきらめるべき		
理　由	○×	意見や質問	理　由	○×	意見や質問
1．予算のむだづかいだと非難されるから。			1．予算のむだづかいだと非難されるから。		
2．少しでも可能性があるならチャレンジするべき。			2．可能性が低いのなら他のプロジェクトにうつるべき。		
3．たとえ失敗しても科学の発展にはつながるはず。			3．たとえ成功しても当初の目的は達成できない。		

(2) 判断・理由づけカード

再チャレンジを目指すべき	再チャレンジをあきらめるべき
そう考えた理由は？	

第2章　新モラルジレンマ教材と授業展開

⑤　ニホンザルを守るということ

対象
小学校5～6年生
内容項目
D－⑲ 生命の尊さ
D－⑳ 自然愛護

　ニホンザルは，日本だけに住んでいる貴重なサルだ。とりわけ，下北半島のニホンザルは世界で最も北に住んでいるサルとして有名で，雪の中で活動する様子や温泉に入る姿のめずらしさもあって，諸外国でもしばしば紹介されている。この「北限のサル」は，守るべき動物として国の天然記念物にも指定されている。

　そんなニホンザルに興味をもったマサオとリツコは，自然環境の保全や動物の保護をテーマに行われる1週間後の総合的な学習の時間の授業で，ニホンザルについて調べたことや考えたことを一緒に発表することになった。2人は，調べていくうちにとても気になる事実に出会った。もともと，タイワンザルは，台湾だけに住んでいるとても貴重なサルだが，日本にもちこまれ，観光施設などで飼われていた。それが，逃げ出したり故意に放たれたりした結果，大変なことが起きた。タイワンザルが本州で野生化して数が増え，住む範囲も広がってニホンザルと出会ったことで，ニホンザルとの間に生まれた雑種やその子孫が増え続けていたのだ。それが下北半島でも確認されていた。

　その事実を知って，マサオはリツコに言った。

　「タイワンザルやそれとの雑種が増えると農作物が食べられたり荒らされたりするだろうし，だんだんニホンザルとタイワンザルの区別がつかなくなっちゃうんじゃないかな？」

　リツコは，外国からもちこまれたミドリガメを捨てる飼い主が後を絶たず，そのせいで日本のカメが急激に減っているというニュースを思い出した。

　「ミドリガメの場合は，日本のカメを保護するために，あちこちで防じょされているらしいわ。」

　「防じょって，どうするんだよ？」

　「水族館や動物園なんかに引き取ってもらえればいいんだけど，とても数が多いから，かなりの数のミドリガメが冷凍庫を使って痛みを与えないように安楽死させられているそうなの。」

　「そんなことしているんだ。本当に，それでいいのかな。」

　「命をうばうことは問題だということでいろいろと話し合われてもいるようだけど，日本の他の動物や植物にも被害が出ていて，とにかく困っているということだったわ。」

　「タイワンザルは，どうなっているんだろう？」

　「よくわからないわ。」

　しばらく，2人の間に沈黙が続いた。そこで，ニホンザルとタイワンザルとの関係をもう少

し調べてから，あらためて話し合うことにした。

　3日後，2人は調べたことをもち寄って，まず，3つのことを確認した。1つ目は，タイワンザルやニホンザルとの間に生まれた雑種やその子孫が増えることによって，純粋なニホンザルが減ったり日本の自然のバランスが崩れたりするという心配があること。2つ目は，青森県の下北半島や和歌山県では，ニホンザルとタイワンザルとの間に生まれた雑種やその子孫が増えるのを避けるため，すでに，防じょがほぼ達成されているというと。3つ目は，防じょの方法は，命を奪わない方法も考えられたが，費用や効果を考えて安楽死が進められたこと。
　そして，これらを確認したあと，まず，リツコが，話を切り出した。
　「いろいろな被害をおよぼしたり，日本の動植物を絶滅に追いこんだりしてしまう可能性のある外来種や外来種との雑種は，必要に応じて防じょすることが大切だっていう考えなのよね。法律でも計画的におこなうことになっているわ。」
　「それで，安楽死させたんだね。カメといいサルといい何だか考えさせられるな。」
　「そうね。ニホンザルは，本州・四国・九州に住んでいるから，これから同じようなことが日本各地でも起きるかもしれないわ。ねえねえ，知ってる？　今まで，防じょを進めた地域では，その地域の人に，防じょやその方法についてアンケートをして，どうするのがいいか意見を聞いて判断しているところもあるのよ。」
　「ぼくたちが住んでいる地域でも，この問題は起きるかもしれない。このまま，防じょを進めていいんだろうか？　今度，授業で発表する時は，このことについてどう自分の考えをまとめておこうかな。」
　純粋なニホンザルがいつまでもいる日本であってほしい。そう思うと同時に，どちらも貴重なサルなのに，人間に都合のいいように利用されたあと，日本ではもてあまされているタイワンザルのことも，マサオの頭からなかなか離れなかった。

> ニホンザルを守るためにタイワンザルの防じょを進めるという考えに，マサオは賛成すきでしょうか，すべきではないでしょうか。

◆防じょを進めることに賛成すべき。
◆防じょを進めることに賛成すべきではない。

（金野　誠志　作）

第2章　新モラルジレンマ教材と授業展開 ｜ 127

❶ 「ニホンザルを守るということ」の授業実践

(1) **主題名**「自然との調和について考える」　**教材名**「ニホンザルを守るということ」

(2) **主題設定の理由（ねらい）**

　人間のご都合主義で外来種が国内に導入された結果，日本の本来の自然環境の生物多様性が損なわれ続けているという事実があり，もともとの生物多様性を維持するために外来種の生命を奪うことが是認されている場合が多々ある。そこで生じる「自然愛護」と「生命尊重」との葛藤を通して，尊い生命のつながりを踏まえつつ，地球に住む生物の一員として自然環境を大切にするという重みと態度を自覚していくことをねらいとし，本主題を設定した。

(3) **教材について（タイプⅡ）**

　主人公のマサオと同級生のリツコは，日本で貴重なニホンザルについて調べて授業で発表することになった。調べると，日本に連れてこられた台湾では貴重なタイワンザルが野生化しニホンザルとの交雑が進んでいることや，純粋なニホンザルを守り日本の自然環境の生物多様性を維持するため，タイワンザルの防除が進んでいるという事実と出会った。防除を進めることに対し，マサオは賛成の意見を発表すべきか，すべきではないか？

(4) **学級の実態**　（略）

(5) **価値分析表**

　コールバーグの道徳性の発達段階に照らして，予想される児童の反応を表1に示した。

表1　価値分析表

タイワンザルの防除に賛成すべき	タイワンザルの防除に賛成すべきではない
段階1　罰回避と従順志向，他律的な道徳性	
・本来の自然を守る必要がある。 ・ニホンザルは日本固有の貴重なサルだ。 ・防除を進めることは認められている。	・動物に優しい心で接する必要がある。 ・タイワンザルは台湾固有の貴重なサルだ。 ・動物を殺したり苦痛を与えたりするのはだめ。
段階2　個人主義，道具的な道徳性	
・タイワンザルがいるといろいろな被害が出る。 ・日本にいなかったタイワンザルは必要ない。 ・タイワンザルは純粋なニホンザルを減らす。	・命の大切さはどのサルも同じはずだ。 ・原因を作ったのは人間でタイワンザルや雑種が悪いわけではない。
段階3　良い子志向，対人的規範の道徳性	
・費用が少なく効果が大きい防除は，多くの人が納得できる。 ・ニホンザルを守り生物多様性を維持することは大切で，本来の日本の自然環境が保全できる。 ・日本人として調和のとれた本来の日本の自然環境を守ることは大切だ。	・原因を作った人間が費用や手間がかかってもタイワンザルや雑種を保護する必要がある。 ・生物多様性をこわした人間の都合が悪くなると今度は守れというのはおかしい。 ・タイワンザルとの共存も考える余地はある。

❷ 展開（2時間扱い及び1.5時間扱いの授業展開）

●第1次の授業（1.5時間扱いの場合は，第1次を行わず，朝自習や宿題で各自教材を読み，1回目の判断・理由づけを行う。）

配時	学習活動と主な発問	指導上の留意点
展開40分	主人公のおかれた状況を読み取り，道徳的ジレンマに直面する。	・場面絵や写真を提示しながら教材読みを行う。
	自然環境の保全という点でニホンザルとタイワンザルとの関係性や相対する道徳的価値を共通理解し，マサオの葛藤状況を正しく把握する。 ○ニホンザルのどんなところが貴重なのだろう？ ○ニホンザルに起きそうなよくないこととは何だろう？ ○どうして純粋なニホンザルを守るために他のサルを防除する必要があるだろう？ ○ミドリガメの防除に対してマサオはどのように考えているのだろう？ ○青森県の下北半島と和歌山県では，タイワンザルや雑種の防除がほぼ達成されていたことを知ったマサオは，どんな気持ちになっただろう？	・教材の全文を読んで，自然環境の保全のために生物多様性を維持する必要があるという考えと，ニホンザルを守るためにタイワンザルや雑種のサルを防除する必要があるという考えとの関係性を理解させる。 ・防除の内容と現実を確認する。 ・防除はニホンザルだけでなく多くの他の生物に関しても共通の問題であることを確認する。 ・防除の実行に対して迷っているマサオの気持ちに共感させる。
終末5分	道徳的葛藤の場面で主人公はどうすべきかを判断し，その理由づけをする。 ◎マサオは，賛成すべきだろうか。	・1回目の「判断・理由づけカード」への記入を行う。

●第2次の授業の準備

○1回目の判断・理由づけカードの内容を整理し，第2次で用いる書き込みカードを作成する。
○書き込みカードの「理由」部分を整理し黒板掲示用の短冊を作成する。
○1回目の判断・理由づけから，論点になりそうな部分を予想し発問を準備する。

●第2次の授業

配時	学習活動と主な発問	指導上の留意点
導入前半5分	教材を読み状況の再確認と主人公の葛藤状況を明確にする。 ○マサオは，何を迷っているのだろうか。 ○なぜ迷っているのだろうか。	・純粋なニホンザルを守るために，タイワンザルやその雑種を防除していることを再確認し，マサオの葛藤を思い出す。
導入後半7分	学級全員の理由づけを分類した「書き込みカード」に，新たな気づきを意識しながら自分の意見を書き込む。 ○賛成・反対（○×）意見をカードに書こう。	・他者の考えに接することにより自分とは異なる判断や理由づけを意識させつつ「書き込みカード」に自分の意見を書き込ませ，モラルディスカッションを準備する。
展開前半12分	相互に意見を述べ合い，多面的多角的な理由づけによる判断を踏まえて論点を明らかにしていく。 ○防除は生命を奪うことにつながるということがわかっているのに，どうしてそうまでしてニホンザルを守ろうとしているのだろうか。 ○防除しなければ純粋なニホンザルを守ることが難しいということがわかっているのにどうして防除に賛成できないのだろうか？	・純粋なニホンザルを守り生物多様性を維持することが，自然環境の保全に結びつくと考えられていことを確認する。 ・防除は，1匹残らずタイワンザルやその雑種を排除し，それらの多くの命を奪うことにつながることを確認する。 ・防除を進めることの利点と欠点とを整理する。
展開後半14分	書き込みカードの「理由」と関連づけて，防除に関して実際に行われている議論も意識して論点を絞り，意見を出し合う中で自分の考えを固めていく。 ○外来種でも大昔に日本にやってきたものから最近入ってきたものまで様々で，もうすでに日本に定着したものも	・ディスカッションの流れに応じて，次のような発問も考えられる。 「防除を行う地域に住んでいる人ならどう考えるだろう。」 「そもそも，人間が原因なのに防除は傲慢で

第2章　新モラルジレンマ教材と授業展開　129

	あるけど，防除により純粋なニホンザルを守らなければならない理由は何なのだろう。 ○防除をした場合，どんな影響が出るだろう。 ○防除をしない場合，どんな影響が出るだろう。	はないのか。」 「日本にいてよい生物と，いてはいけない生物を決める規準や理由は何か。」 「タイワンザルやその雑種の命は，大切にする対象にはならないのか。」
終末 7分	最終的な判断・理由づけを行う。 ◎マサオは，どうすべきだろう。	・時間を十分取り，2回目の「判断・理由づけカード」への記入をする。

第2次の板書計画

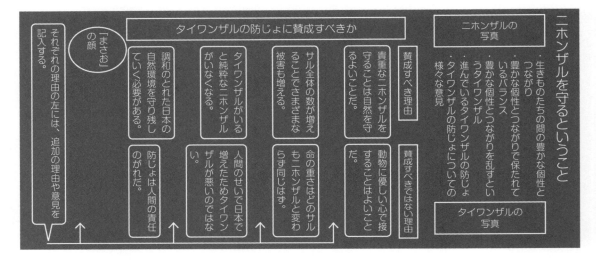

❸ 授業を行う上での留意点

　生きものたちの豊かな個性とつながりを意味する生物多様性は，それぞれの地域における固有の自然や文化の多様性を支えている。その生物多様性によって，多様な生物たちが食べたり食べられたり，すみ分けたり，お互いに関わり合いながら，それぞれの地域の自然のバランスを保ってつながり合い，支え合って生きている。私たち人間もその一部だという理解をより深め，人間が自然環境やその保全とどのように関わっていけばよいのかじっくりと考えさせていきたい。生物多様性については，理科の内容にも示されており総合的な学習の時間でもよく扱われる。そのため，他教科・他領域と関連づけた授業を意図して構想することは，本教材を活用する際には有効である。

　自然環境の保全が大切で，そのために防除を行うことを確認しておくことは言うまでもないが，防除の理由については，農業被害など経済的な被害を防ぐことと，生物多様性の維持のために純粋なニホンザルを守ることを区別して整理することは必要であろう。その上で，防除自体に対する賛否と，防除自体を否定するわけではないが防除の方法（命を生かす方法と命を奪う方法）に対する賛否とを峻別して理由づけを整理することも重要だと考える。なお，最終的な判断・理由づけの際には，いずれの立場でも憂慮する事態が生じることを実感させておきたい。

ワークシート　ニホンザルを守るということ

名前　　　　　　　　　　　年　　組　　番

(1) 書き込みカード

タイワンザルの防じょを進めるべき			タイワンザルの防じょを進めるべきではない		
理　由	○×	意見や質問	理　由	○×	意見や質問
1．貴重なニホンザルを守ることは自然を守る良いことだから。			1．動物に優しい心で接することは良いことだから。		
2．サル全体の数が増えることでさまざまな被害も増えるから。			2．命の重さはどのサルもニホンザルと変わらず同じはずだから。		
3．タイワンザルがいると純粋なニホンザルがいなくなるから。			3．人間のせいで日本で増えたためタイワンザルが悪いのではないから。		
4．調和のとれた日本の自然環境を守り残していく必要があるから。			4．防じょは人間の責任のがれだから。		

(2) 判断・理由づけカード

マサオは，どうすべきだろう。	
防じょを進めることに賛成すべき	防じょを進めることに賛成すべきではない
そう考えた理由は？	

第2章　新モラルジレンマ教材と授業展開

⑥ ソメイヨシノと むかえる春

対象
小学5～6年生
内容項目
C－(17) 伝統と文化の尊重
D－(20) 自然愛護

　小西さんは，樹木医だ。ぼくの家のとなりに住んでいて，家族ぐるみで親しくしている。2月の末，学校からの帰り道，桜の名所として有名な城山公園でのことだった。小西さんは，じっと桜の木を見つめていたが，ぼくがそばに行くと，ニコニコしながらクイズを出してきた。

　「『咲きみちて花より外の色もなし』という句。室町幕府8代将軍の足利義政が，花見の時つくったことで有名なんだよ。句の中の花は桜だけど，さて，その種類は何でしょう。」

　目をつむると，トンネルのように川をおおう一面の花。その間から見える青い空がうす桃色の花を一層ひきたたせ，一面の春に心がおどる。ひらひらと落ちて川面を流れていく花びらをながめていると，何だかもの悲しくなったりもする。ぼくの頭の中で，この句の情景とあと1か月もしないうちに目の前に広がるはずの情景とがぴたりと一致した。ここの桜のほとんどがソメイヨシノだということは以前，小西さんから聞いたことがあったのでハッキリと答えた。

　「ソメイヨシノでしょう。やっぱり，ソメイヨシノは昔からずっと愛されてきたんだね。」

　すると小西さんは，小さく首を横にふってから言った。

　「ソメイヨシノは，花が大きいオオシマザクラと，葉より先に花を咲かせるエドヒガンをかけあわせてつくり出されたんだ。江戸時代の終わりにね。しかも，木の一部を切り取って，つぎ木やさし木でしか増やすことができないが，成長が早く短期間で全く同じ性質のものを大量生産しやすいという特長もある。いわばクローン植物なんだよ。つまり，どの木も性質が全く同じで，気候や土などの条件がそろえば同時に咲いて同時に散る。」

　ぼくは，なるほどと感心しながらも，あれっと思い聞いてみた。「それじゃあ，何か変だよね。室町時代にはソメイヨシノはなかったということだから……。」

　小西さんは，すかさず問い返してきた。「そうそう。さっきの句のような情景は現実にはありえない。だとしたら……。」

　ぼくが，言葉につまっていると，小西さんはゆっくりと言った。

　「理想の桜が辺りに咲き満ちている様子を想像したんだろうね。ソメイヨシノの登場より前に，あの句のような情景が，まるで目の前にあるかのように表現した人は何人もいたんだよ。」

　小西さんのことばは，江戸時代の終わりになってやっと理想の桜が実現したこと，しかも，1本残らず人の手によって増やされ植えられたことを意味していた。

　あちこちで1か所に大量のソメイヨシノを植えるようになったのも，60年前くらいからで，全国いたる所でこの桜が目立つようになったのは，そうむかしのことじゃないそうだ。それが，今では全国の桜の約80％を占めているということだ。それがわかると，ため息が出た。

「でも、今じゃソメイヨシノのない春は考えられないよ。ソメイヨシノとむかえる春は、毎年やってきて、たくさんの思い出をつくってくれる。もう、日本の伝統になったんじゃないの？」
　ぼくは、思ったことをそのまま小西さんにぶつけてみた。
　小西さんは、大きくうなずいてから言った。
「そのソメイヨシノが、全国的におとろえ始めているんだ。短い期間で成長し、あまり世話をしなくても花を咲かせるようになるけど、病気や環境の変化には弱い。その弱さが植えてから50年くらいで出てきているようなんだ。寿命が60〜70年だと言う人もいるんだよ。」
　それで、さっきソメイヨシノをじっと見つめていたんだなと気がついた。
「ソメイヨシノを守ることはできないの？　多くの人が望んだからこんなに広がったわけだし、同じ地域の人が同じ春をいっしょに感じることができるなんて、すばらしいことだと思うよ。」
と、ぼくがたずねると、小西さんは浮かない顔で答えた。
「この人工の桜を植えに植えた結果、おとろえが急に目立ってきたんだ。確かに手入れや治療をすればよみがえる。だがね、放っておいてあたり前のように咲きはしない。守ると言ってもそう簡単じゃない。ソメイヨシノがある風景は自然の調和が保たれた姿じゃないんだよ。」
　小西さんも、日本人にとって桜は、他の花とは一線を画するということや、古くから多くの品種が生み出されてきた桜の中でも、ソメイヨシノは特別だということはもちろんわかっている。
「小西さんはソメイヨシノがなくなってもいいと思っているの？　それって、無責任だと思う。人間が放っておいてかかわり続けなければ滅んでしまうんでしょ。」
　続けざまに問いかけるぼくに対して、小西さんはていねいにゆっくりと話してくれた。
「手入れや治療することによって、ソメイヨシノを大切にし、守ろうとする人たちもいる。130年以上、美しい花を今でも咲かせ続けているものもあるんだよ。逆に、ソメイヨシノばかりが植えられることをよく思わない人たちもいる。ソメイヨシノの花粉が他の桜に飛んだり、他の桜の花粉がソメイヨシノに飛んできたりして、新しい種類の桜が勝手にできることも心配されている。実は、この公園の弱ったソメイヨシノをどうすればいいか、市役所の人から樹木医としての意見を聞かれているんだ。君が私の立場だったら、どうする？」
　小西さんは、きっと迷っているんだなと思う。膨らみつつあるソメイヨシノのつぼみを見ながら、ぼくは考え込んでしまった。

> ソメイヨシノを守るべきでしょうか。守るべきではないのでしょうか。

◆ソメイヨシノを守るべき。
◆ソメイヨシノを守るべきではない。

（金野　誠志　作）

第2章　新モラルジレンマ教材と授業展開　133

❶ 「ソメイヨシノとむかえる春」の授業実践

(1) **主題名**「伝統や文化の継承と自然との調和」　　**教材名**「ソメイヨシノとむかえる春」

(2) **主題設定の理由（ねらい）**

　伝統や文化は，人間が創造したもので変化していく。その保持の過程で，何らかの働きかけを自然環境に対して行う以上，伝統や文化と自然環境とは互いに影響し合い変化していく。場合によってはいずれの保持を優先するかという道徳的な価値葛藤が起こる場合もある。本資料では，両者の葛藤状況の中で，なぜ伝統や文化を尊重したりや自然を愛護したりする必要があるのか話し合うことを通して，それぞれの道徳的価値の重要性を考えることをねらいとする。

(3) **教材について（タイプⅡ）**

　日本人が時間をかけて創造し増やしてきた理想の桜であるソメイヨシノは，自家不和合性で人間が関わり続けなければ滅んでしまう。ソメイヨシノを守ることは，日本の伝統や文化の尊重につながるが，そのことが自然環境の調和を乱す可能性も危惧されている。ソメイヨシノを守るべきか否か，市役所から意見を求められ悩んでいる樹木医の小西さんに対し，小西さんと親しい主人公の「ぼく」は，小西さんにどう考えを述べるべきか？

(4) **学級の実態**　（略）

(5) **価値分析表**

　コールバーグの道徳性の発達段階に照らして，予想される児童の反応を表1に示した。

表1　価値分析表

ソメイヨシノを守るべき	ソメイヨシノを守るべきではない
段階1　罰回避と従順志向，他律的な道徳性	
・樹木医の仕事は，植物の手入れや治療をすることだ。 ・生きているものの命は大切だと言われている。	・守ることは，苦労が多くて大変だ。 ・守ることができなかったら，責任を取る必要がある。
段階2　個人主義，道具的な道徳性	
・守ることができたら樹木医としての腕を認めてもらえる。 ・今まで通り美しい春の体験や行事を続けたい。	・守るための手間や費用の負担が減ると，感謝してもらえる。 ・自分に対する責任が軽くなる。
段階3　良い子志向，対人的規範の道徳性	
・今まで通りたくさんの人が春の体験や行事を続けられるようにしたい。 ・多くの人が望んで成り立った日本の伝統や文化が途絶えてしまう。 ・ソメイヨシノがある風景は，既に日本の自然に溶け込んでいる。	・多くの人が共通の春を体験する必要性を今では感じない。 ・自然との調和を乱すことなく，環境を守ることが大切だ。 ・ソメイヨシノがある風景は，本来の自然の姿ではない。

❷　展開（２時間扱い及び1.5時間扱いの授業展開）

●第１次の授業（1.5時間扱いの場合は，朝自習や宿題で各自教材を読み，１回目の判断・理由づけを行う。）

配時	学習活動と主な発問	指導上の留意点
展開 40分	主人公の状況を読み取り道徳的ジレンマに直面する。	・場面絵や写真を提示し教材を立ち止まり読みする。
	主人公と小西さんに役割取得し，道徳的価値の生起する状況及び道徳的葛藤を共通理解する。 ○桜というとどんなことが思い浮かびますか？ ○小西さんと「ぼく」との関係は？ ○ソメイヨシノが誕生し広まったのはなぜか？ ○「ぼく」はソメイヨシノをどう思っているか？ ○ソメイヨシノは，なぜ急に衰えてきたのか？ ○小西さんはどんなことで悩んでいるのか？	・読み取りの誤りを修正する。 ・教材の前段（ソメイヨシノの誕生から普及まで）を読んで，生活経験とつなげて状況把握する。 ・ソメイヨシノの性質と私たちの生活との関係性を確認する。 ・教材末まで読み，状況を把握する。 ・小西さんの職業を確認する。
終末 5分	道徳的葛藤の場面で「ぼく」は小西さんにどう述べるべきかを判断し，その理由づけをする。 ◎「ぼく」は，どう答えるべきだろう。	・１回目の「判断・理由づけカード」への記入を行う。

●第２次の授業の準備

○１回目の判断・理由づけカードを内容整理し，第２次で用いる書き込みカードを作成する。
○書き込みカードの「理由」部分を拡大したものを黒板掲示用に作成する。
○１回目の判断・理由づけから，論点になりそうな部分を予想し，発問を準備する。

●第２次の授業

配時	学習活動と主な発問	指導上の留意点
導入 前半 5分	状況把握の再確認と道徳的葛藤の明確化を行う。 ○「ぼく」は，何を迷っているのですか。 ○なぜ迷っているのですか。	・理想の桜として長い時間をかけて創造され実現できたソメイヨシノは日本人には特別な花となったことを確認する。 ・ソメイヨシノを守り維持することをよく思わない人もいることを確認する。
導入 後半 8分	「書き込みカード」に自分の意見（○×）や質問を記し，自分とは違う他者の考えに気づく。 ○ソメイヨシノを守り維持することに対しての，賛成・反対意見をカードに書こう。	・「書き込みカード」に意見を書き込みモラルディスカッションの準備を行う。 ・ソメイヨシノを守り維持することで予想される利点と欠点を意識させる。
展開 前半 12分	論点を整理していくため，意見を相互に述べ合い理由づけを明確にして整理する。 ○ソメイヨシノのよさって何だろう？ ○日本人にとってソメイヨシノはどんな存在？ ○小西さんは樹木医なのに，なぜソメイヨシノの手入れや治療をすべきだと言わないのか？	・内容や質ごとに「理由」を黒板に整理し，優先順位を確認していく。 ・ソメイヨシノの性質を整理し明確にしていく。 ・小西さんが迷う理由を明確にし，「ぼく」の考えを固めていく。
展開 後半 15分	小西さんの考えを踏まえ論点を絞り，「ぼく」の判断を固めていく。 ○城山公園のソメイヨシノが守られない場合，「ぼく」や地域の人たちの生活はどうなるか？　日本各地のソメイヨシノが守られ維持されなかった場合，どんな影響が出るだろう？ ○ソメイヨシノを守り維持しなかった場合，調和のとれた自然は回復するのだろうか？ 【ソメイヨシノに関する知識の概略】※ソメイヨシノ間で	・小西さんには樹木医としての立場があるが，「ぼく」にはそれがないことを意識させる。 ・次のような発問も考えられる。 ・「小西さんは，なぜ，『ぼく』に聞いてきたのだろうか？」 ・「小西さんは『ぼく』の言うことをどう受け止めるだろうか？」 ・「もし，ソメイヨシノを他の桜に植えかえたらどうなるだろう？」

第２章　新モラルジレンマ教材と授業展開　135

	は受粉しても受精しない。別の種類のサクラとの間で受粉した場合は受精するが，元と同じ樹にはならない。 ※ヤマザクラやオオシマザクラなどは，似通った樹々の総称で，種をとって植え継がれたとしても別の遺伝子は混ざることに違いはない。これらは個体差が大きく樹単位で花期がばらつく。そのため，ソメイヨシノ誕生以前の花見は，多様な桜の花の遅早や花期の連なりに関心があり，ソメイヨシノとは異なる風景や楽しみ方があった。	・「もし，ソメイヨシノが守られ維持され続けたらどのようなことが起こるだろう？」 ・「調和のとれた自然は，人間のかかわりを必要としないのか？」
終末 5分	道徳的葛藤の場面で「ぼく」はどう答えるべきか再度判断し，最も納得する理由づけを行う。 ◎ぼくは，どう答えるべきだろう	・2回目の「判断・理由づけカード」への記入を行う。 ・納得できる意見を参考にさせる。

第2次の板書計画

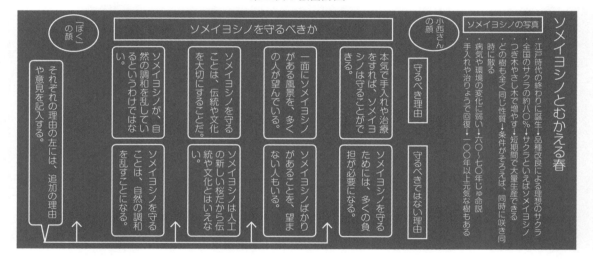

❸ 授業を行う上での留意点

「伝統・文化」も「自然環境」も，本来は変化し続けるものであり，その変化に人間がいかに関わり続けていくかが問題視されなければならない。本教材の舞台となっている城山公園は，人間が人間のために維持し管理しており，そもそも，調和のとれた自然の状態ではない。そのため，ソメイヨシノを他の植物に変えることで，公園内に調和が保たれた自然が出現するというわけではないが，ソメイヨシノの性質に由来する管理への負担や自然界への影響（生物多様性を損なうこと）に対する懸念からその維持に疑念が生じているのである。人間により創造されたソメイヨシノと迎える春が，日本の「伝統・文化」の象徴の一つとなっている今日，私たち自身が，自らが依拠する「伝統・文化」や「自然環境」といかに関わり続けていけばよいのか，両者のいずれを重視すべきか，その継承や尊重の狭間で揺れながら考えていきたい。

【参考文献】
・佐藤俊樹　2005　『桜が創った「日本」－ソメイヨシノ　起源への旅－』岩波書店
・平塚晶人　2001　『サクラを救え「ソメイヨシノ寿命60年説」に挑む男たち』文藝春秋

ワークシート

ソメイヨシノと むかえる春

名前　　　　　　　　　　　　　年　　組　　番

(1) 書き込みカード

ソメイヨシノを守るべき			ソメイヨシノを守るべきではない		
理　由	○×	意見や質問	理　由	○×	意見や質問
1．本気で手入れや治療をすれば，ソメイヨシノは守ることができる。			1．ソメイヨシノを守るためには，多くの負担が必要になる。		
2．一面にソメイヨシノがある風景を，多くの人が望んでいる。			2．ソメイヨシノばかりがあることを，望まない人もいる。		
3．ソメイヨシノを守ることは，伝統や文化を大切にすることだ。			3．ソメイヨシノは人工の新しい桜だから伝統や文化とはいえない。		
4．ソメイヨシノが，自然の調和を乱しているというわけではない。			4．ソメイヨシノを守ることは，自然の調和を乱すことになる。		

(2) 判断・理由づけカード

ぼくは，小西さんにどう答えるべきだろう。	
ソメイヨシノを守るべき	ソメイヨシノを守るべきではない
そう考えた理由は？	

....
....
....
....
....
....
....
....

第2章　新モラルジレンマ教材と授業展開

⑦　ぼくにまかせて

> 対象
> 小学校5〜6年生
> 内容項目
> C－⑯ 役割の自覚と社会的責任

「雄介。早く起きなさい。今日も陸上の早朝練習があるんじゃないの。」

「うん。わかったよ。すぐに起きる。」

　小学校5年の雄介は、母の言葉を聞きながらベッドから起き上がりました。高学年になった雄介は、何事にも積極的になり、地区の陸上記録会に向けた早朝練習にも自分から参加することにしました。家でも妹の佳恵の世話を進んでするようになり、積極的な雄介の姿を母はとても喜んでいました。

「お母さん。行ってきます。」

　雄介は、学校に行く用意をし、朝食を食べるとすぐに家を飛び出しました。すると、後ろから幼稚園の年中に通う妹の佳恵を抱いたお母さんがあわてて雄介に向かって言いました。

「雄介。昨日約束したように、今日は午後4時30分までにはぜったい帰ってきてね。お母さんは、地区の会合に1時間ほど出かけないといけないから。佳恵はまだ一人ではお留守番できないからね。わかった。それじゃあ行ってらっしゃい。練習がんばるのよ。お母さんも応援してるから。」

「何回も言わなくても、わかってるよ。お母さん。ぼくにまかせて。」

　雄介は、お母さんに手を振りながら大きな声で応えました。学校に向かう途中、雄介は一緒に陸上の練習に参加する同じクラスで親友の幸夫を誘ってから、急いで学校に向かいました。

　学校に着くと、早く登校した子は、もう準備体操をして基本練習を始めていました。

「幸夫くん。僕たちも負けていられないね。急いで体操服に着替えよう。」

　雄介は、幸夫にそう言うと教室に入って着替え始めました。体操服に着替えた2人が準備運動をしていると、先生がやってきました。

「さすが高学年だな。早朝練習まであと10分もあるのに、もうこんなにたくさんの子が練習しているなんて。記録会が今から楽しみだよ。」

　先生の言葉を聞き、雄介たちはますますやる気がわいてきました。

「先生。ぼくたちにまかせてよ。」

　みんなは口々にそう言うと、それぞれの出場種目の練習を始めました。陸上記録会には、4年生から6年生までがエントリーできることになっており、雄介は幸夫と6年生2人の4人で400メートルリレーにエントリーしています。そして、4年生の達也が補欠としてエントリーしています。

「リレーチームの5人は、バトンパスの練習をしっかりやるように。リレーはバトンパスが

138

勝負だぞ。バトンを渡すタイミングと受け取るタイミングをしっかりと覚えるように。」
　先生の言葉に雄介たちもうなずき、4人でバトンパスの練習を何回も繰り返しました。走る順番は、第1走が6年生、第2走が雄介、第3走が幸夫、第4走のアンカーが6年生です。
　「だめだ。雄介のスタートが速すぎるから、バトンゾーンを越えて渡したぞ。記録会までには明日1日しかないぞ。気持ちを合わせてがんばるんだ。」
　雄介は、先生からの厳しい言葉にますます緊張し、よけいタイミングが合わなくなりました。
　「どうしてうまくいかないのかな。このままじゃ、去年と同じバトンパスを失敗してしまう。」
　雄介はこうつぶやくと、大きなため息をしました。そんな雄介を4年生の達也が心配そうにじっと見つめていました。
　午後4時になり、雄介が幸夫と一緒に教室を出て帰ろうとした時、リレーチームの6年生が後ろから2人を呼び止めました。
　「これから達也を入れた5人で自主練習をしないか。先生にはこれから30分間なら練習してもいいと言われたんだ。運動場で待ってるから、すぐに来いよ。」
　雄介は、朝のお母さんとの約束を思い出しました。
　「どうしよう。幸夫君。今日は、もう予定があるんだ。」
　雄介は困った顔で幸夫に言いました。すると、幸夫は、真剣な顔でこう言いました。
　「でもこのままじゃ、バトンパスを失敗して去年と同じ悔しい思いをするかもしれないよ。それから、達也が雄介くんに代わって出てもいいの。」
　雄介は、黙って下を向いてしまいました。

雄介はどうすべきだと思いますか。

◆残ってリレーの練習をするべき。
◆帰って妹の世話をするべき。

（岡田 達也　作）

❶ 「ぼくにまかせて」の授業実践

(1) **主題名**「友達について考える」　　**教材名**「ぼくにまかせて」

(2) **主題設定の理由（ねらい）**

　児童に，自分の役割を自覚し，協力して主体的に責任を果たすことの大切さについて考えることをねらいとして，本主題を設定した。「役割・社会的責任」の中で起こる道徳的価値葛藤を通して，自分にとってどうすることが大切なのかについて考えさせたい。

(3) **教材について（タイプⅠ）**

　主人公の雄介は，小学校5年生になると何事にも積極的になり，自分から地区の陸上記録会に向けた早朝練習に参加したり，母親に代わって妹の佳恵の面倒をみたりするようになった。そんな雄介の姿を見て母親も喜んでいた。

　ある日，いつものように早朝練習に向かう雄介は，母から学校から帰ったら妹の佳恵の面倒をみるように頼まれた。雄介は，「ぼくにまかせて。」と自信満々に答えた。早朝練習では，みんな積極的に参加し，進んで練習に取り組んでいた。そんな子どもたちの姿に期待を膨らませた先生からの励ましの言葉に，雄介たちは「ぼくたちにまかせて。」とうれしそうに答えた。リレーメンバーの雄介は，6年生2人と同級生で仲よしの幸夫，そして補欠の4年生の達也らチームの仲間と昨年のリレーの雪辱を果たすべく，バトンパスの練習に力を入れていた。しかし，前走者と雄介のバトンパスがなかなか上手くいかず，先生からも厳しく指導された。補欠の達也が心配そうに見ている中，何回も繰り返し練習した。

　本番2日前の下校時。雄介は，6年生から残って30分ほどバトンパスを練習しようと誘われた。朝母親から妹の世話を任せられていた雄介は，どうしたらいいのか，どうするべきかわからず，下を向いて考え込んでしまった。

(4) **学級の実態**　（略）

(5) **価値分析表**

　コールバーグの道徳性の発達段階に照らして，予想される児童の反応を表1に示した。

表1　価値分析表

残ってリレーの練習をするべき	帰って妹の世話をするべき
段階1　罰回避と従順志向，他律的な道徳性	
・バトンタッチの練習をしようと言われた。 ・練習に出ないと6年生に叱られる。 ・練習しないと幸夫に嫌われてしまう。	・お母さんに妹の世話をするように言われた。 ・世話をしないとお母さんに叱られる。 ・世話をしないと妹が一人でかわいそう。
段階2　個人主義，道具的な道徳性	
・リレーチームのためだから仕方ない。 ・バトンタッチが上手くいかないと自分のせいになってしまう。無責任だと思われる。 ・練習に出るとみんなが喜んでくれる。 ・練習に出るのでお母さんもわかってくれる。	・妹のためだから仕方ない。 ・妹の世話をしたらお母さんからほめてもらえる。 ・妹の世話をするので，みんなわかってくれる。 ・妹を悲しませたくない。 ・自分から言ったのに無責任だと思われる。

140

段階3　良い子志向，対人的規範の道徳性	
・チームの一員として，自分も参加しないとみんなに申し訳ない。信頼を裏切ることになる。 ・去年の失敗を繰り返さないようにみんなでがんばっているんだから，勝手なことはできない。 ・自分の役割を責任もって果たすべきだ。 ・このままではみんなでがんばってきたことが無駄になってしまう。	・お母さんは自分を信じて妹の世話を任せてくれたのに裏切ってはいけない。 ・自分から任せてと言ったのに，しないと責任が果たせない。 ・妹の世話をするのは兄としての自分の役割だ。 ・自分の役割を責任もって果たすべきだ。

❷　展開（２時間扱いの授業展開）

●第１次（略）

●第２次

配時	学習活動と主の発問	指導上の留意点
導入 5分	1．教材を読み「雄介」の葛藤状況を確認する。 ○雄介は，なぜ迷っているのですか。	・葛藤状況を想起させ，雄介とリレーチームや母親との関係を押さえ，迷いの原因を押さえる。
展開 前半 18分	2．自分の第１次の判断・理由づけを見直す。 ○自分の判断・理由づけを見直しましょう。 3．友だちの意見に書き込みをする。 ○書き込みカードに，友だちの意見について思うことや自分の意見（○×），質問を書きましょう。 4．書き込みを発表する。 ○書き込んだことを自由に発表しましょう。	・自分の考えを確認させる。 ・多様な考え方に触れることができるよう十分に時間を取るとともに，自分の考えをより明確にするためにワークシートに書き込みをさせる。 ・書き込んだことを基に，自由に意見を出し合わせ，論点を整理して板書する。
展開 後半 15分	5．焦点化された論点についてディスカッションする。 ○残ってリレーの練習をしたら，お母さんや妹はどうなるのでしょうか。 ○妹の世話をしに帰ったら，リレーの練習はどうなるのでしょうか。 ○「任せて」と言った雄介の責任はどうなるのでしょうか。 ○自分の役割を自覚し，主体的に責任を果たすとはどうすることでしょうか。	・自由なディスカッションの中で発言が集中した理由づけと教師が用意した論点と重なる内容から取り上げて話し合わせる。 ・雄介のチームの中での役割と家族の中での役割を押さえる。 ・自らの責任を果たすということはどういうことかを中心にディスカッションさせ，その大切さを理解させる。
終末 7分	6．最終的（第２次）な判断・理由づけを書く。 ◎雄介は，どうすべきだと思いますか。	・最終（第２次）の判断・理由づけをワークシートに書かせる。その際，板書を参考にディスカッションを想起させ，一番納得できる意見を取り入れるよう指示する。

第2章　新モラルジレンマ教材と授業展開　141

板書計画

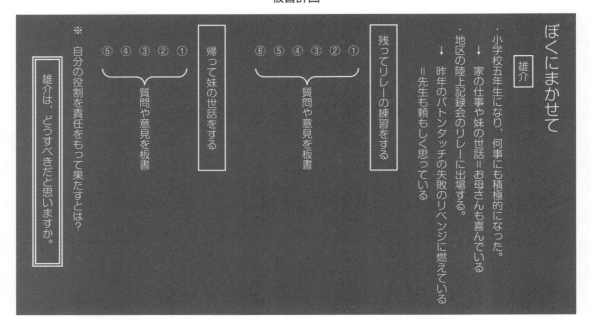

❸ 授業を行う上での留意点

　高学年になると，委員会や学校行事，通学班の班長など，高学年としての役割や責任を自覚し，学校生活の中でリーダーシップを発揮しなければならない場面が多くなる。また，家庭の中においても，家族の一人としての役割や責任を果たす場面が多くなる。こうした実態を踏まえて，昨年の雪辱を期すリレーチームのメンバー，つまり学校の代表としての役割と責任，妹の世話を任された家族の一員としての役割と責任の間で起こる道徳的葛藤に着目させ，主人公の雄介はどうすることがよいのか，どうすべきか（当為）について深く考えさせる。

　第２次の授業を効果的に進めるために，第１次の判断・理由づけから代表的な理由づけを基に別紙書き込みカードを作成し，予習できるように事前にカードを配っておく。また，第２次の展開前半でも時間を十分確保し，質問や意見をしっかりと書かせるようにする。全体で発表し合う際には，論点が明確になるよう助言したり，論点を整理して板書したりして，焦点化した話し合いとなるようにする。

　展開後半のディスカッションでは，リレーチームのメンバーや母親と妹に役割取得させ，「残ってリレーの練習をしたら，お母さんや妹はどう思うか」，「帰って妹の世話をしたら，リレーチームのメンバーたちはどう思うか」と問い，それぞれの立場から雄介の行為について考えさせる。併せて，役割を自覚し責任ある行動を取るとは，どういうことなのかについても考えさせる。そして，終末では，板書を参考にディスカッションを想起させ，一番納得できる意見を取り入れて判断・理由づけをするよう指示する。

ぼくにまかせて

名前　　　　　　　　　　　年　　組　　番

(1) 書き込みカード

残ってリレーの練習をするべき			帰って妹の世話をするべき		
理　由	○×	意見や質問	理　由	○×	意見や質問
1．自分が出ないとチームのみんなが練習できなくて困ってしまう。			1．自分が帰らないとお母さんが会合に行かれなくなる。妹も一人でかわいそう。		
2．今年の大会でバトンタッチを成功させ，リベンジするのがみんなの夢だ。			2．お母さんと約束した責任を果たすのは当たり前のことだ。		
3．学校やチームのためにがんばるのが自分の役割で，その責任を果たさなければならない			3．学校や友だちのためより，家族のためにがんばるのが自分の役目だ。		
4．自分の家族の世話より，学校や友だちのためにがんばるほうが大切だ。			4．自分の代わりに補欠の達也がリレーの練習に出れば大丈夫だ。		
5．お母さんも応援してくれているからきっとわかってくれる。			5．練習は明日もできるから，明日がんばれば大丈夫だ。妹の世話は今日のことだ。		

(2) 判断・理由づけカード

◇雄介は，どうすべきだと思いますか。自分の判断・理由づけを書きましょう。

【第　　次の判断】
　　　　・残ってリレーの練習をするべき　　　・帰って妹の世話をするべき

【第　　次の理由づけ】

第２章　新モラルジレンマ教材と授業展開　143

⑧ 友香のために

対象
小学校5〜6年生
内容項目
B−⑩ 友情，信頼
C−⑫ 規則の尊重

「幸子，私，来週の月曜からスイミングに行けるようになったよ。」

朝，教室に入ってきた友香は，あいさつをするのも忘れて笑顔で話しかけた。それを聞いた幸子も，「やったー！」と声を上げながら，目を丸くしてハイタッチ。

幸子はスイミングスクールに通う小学6年生で，運動が大好きな明るい女の子。クラスの体育委員で人気もの，みんなから何かと頼りにされている。そんな幸子には，クラスに友香という幼い時からの友だちがいる。幸子と違っておとなしく，やさしい引っ込み思案な友香は，幸子のことをいつも姉のように頼りにしている。

2人になると，幸子は自分が通っているスイミングのことを友香によく話してくる。スイミングでは，となり町の夏美やその友だちと仲良くなったこと，中級コースで一緒に練習していること，クロールや平泳ぎの競泳の記録会があること，お互いの学校のことが話題になるという。そんな話を幸子から聞かされるたびに，友香は，同じスイミングに通ってもっと速く泳げるようになりたいとか，スイミングクラブのみんなと仲良しになれたらいいなという思いを強くしていった。友香には，6年生最後となる水泳大会ではどうしてもクラス対抗リレーの選手に選ばれて，幸子と一緒に出場したいという強い願いがあった。こうして，友香は来週から幸子と同じスイミングに通うことになった。

「ねえ幸子，月曜日スイミングのみんなに会うまでに，私のことをうまく伝えておいてね。」

友香は少し不安そうに幸子に言った。そんな友香に，「OK，今日が金曜だから今週中に伝えとくね。心配しないで。友香ならみんなとすぐ仲良くなれるよ。」

と，幸子は明るく返した。友香のために自分が力になろうと強く思った。

幸子は（夏美たちには，いつものアプリで……伝えよう。）と考えていたが，金曜日は児童会の仕事で時間を取られてしまい，土曜日はピアノの練習とそろばん検定があり，日曜日はお母さんと買い物でお出かけしていて，すっかり友香との約束を忘れてしまっていた。気がついたのは日曜日の夕食の時になってからである。

幸子は，友香に頼まれたことを思い出し，はっとして「よかった，まだ間に合う」と心の中で叫んで，あわてて部屋に行って携帯をにぎりしめた。「……私のことをうまく伝えておいてね。」と言った友香の顔を思い浮かべた。

友香のふだんの学校での様子や勉強のこと，おとなしいけれどもお菓子作りが上手でクロー

144

ルが得意なことなどを通信アプリで夏美たちに知らせたいと考えた。
「友香のことを知ったら,夏美たちも喜ぶだろうなぁ。」と心の中でつぶやいていた。
先週も,アプリで送られてきた夏美のスナップ写真や水泳の様子を幸子の家族に紹介すると,「他の学校にも仲のよい友だちができてよかったね。」と喜んでくれた。それに,幸子の発信したことが夏美だけでなく,夏美の友だちにも伝わって,その友だちが幸子に感想を返してくれることがうれしかった。何だか,知らないところにも友だちが増えているような気がした。
幸子は,スイミングに通うことになった友香のことや通信アプリで夏美や夏美の友だちにも伝えることを,母親に得意そうに話した。
「スイミングの夏美たちに,友香のことをいろいろと教えてあげようと思うんだ。幼稚園からの友だちで,おとなしくやさしくって,……。これで友香にも他の学校の友だちが……。」
ところが,母親から返ってきたのは,幸子の予想していなかった言葉だった。
「ちょっと待って。あなたが勝手に伝えていいの。友香ちゃんは本当に喜んでくれるかしら……。」幸子は,驚きをかくすかのようにむっとして語気を強めた。
「エッ,どうして。何でいけないの。友香のためなのよ……。」
「じゃあ,今から友香さんに電話で聞いてごらんよ。いいかどうか。」
「そんなことできない。金曜日に頼まれていたのに今まで忘れていたことがバレたら,どう思うか考えてよ……。友香ががっかりするでしょ……。」
そう言った幸子は,泣きたいのをこらえて,そのまま夕食を食べず自分の部屋に戻った。
「だって,友香に頼まれたことだし,……。」時計はもう8時半を回っていた。
幸子の家では,携帯はスイミングの時と大切な用事以外には使わないことや夜9時以降はSNSやアプリも使わないことを決めていた。友香のためを思って,通信アプリで夏美たちに教えてあげるのに,お母さんは止めるように言うし,今しか伝える時間はないし,友香から頼まれたことも果たせなくなってしまう。
母親の言葉を聞いてから,嬉しそうに話をしていた友香の顔が思い浮かび,時計の針を見つめながら何だか息苦しくなっていた。幸子は,通信アプリの画面を見つめながら大きくため息をついた。幸子はどうすべきか,もう一度考え込んでいた。

> 幸子は,どうすべきでしょうか。

◆送信すべき。
◆送信すべきでない。

(清水 顕人・植田 和也 作)

第2章 新モラルジレンマ教材と授業展開 | 145

❶ 「友香のために」の授業実践

⑴ **主題名**「友達の思いについて考える」　**教材名**「友香のために」

⑵ **主題設定の理由（ねらい）**

　小学校高学年になると携帯電話やスマートフォンなどを塾や習い事，登下校等の安全を考慮して，条件付きで活用している児童も少なくない。その際に使い方の決まりや条件を家庭で決めて，それを守ると同時に，社会生活上のルールや情報モラルに関する倫理観を育成する観点から話し合うことで，それらの重要性について考えていきたい。この教材では，「友情，信頼」と「規則の尊重」との葛藤を中心に，「節度，節制」「誠実」「思いやり」などの間で起こる道徳的な価値葛藤の解決が問題とされている。

⑶ **教材について（タイプⅡ）**

　主人公の幸子は携帯電話を持っているが，友だちの友香は持っていない。そこで，スイミングスクールに通うことになった友香のために，事前に隣の学校の友だちに友香のことを伝えてあげようとする。そのことを聞いた母親が言った「友香ちゃんは本当に喜んでくれるかしら……。」の一言で幸子の心は揺れ動く。自分は友香に頼まれて，良いことをしようとしているのに，母親はなぜそんなことを言うのか納得がいかないのである。単に約束だけではなく，個人情報の扱いや自他の権利を理解し尊重することについても考えていきたい。現代の子どもたちにとっては，日常生活において友だちの情報や携帯電話等による情報の伝え方など，考えるべき点が多く見られる。

⑷ **学級の実態**　（略）

⑸ **価値分析表**

　コールバーグの道徳性の発達段階に照らして，予想される児童の反応を表1に示した。

表1　価値分析表

送信すべき	送信すべきでない
段階1　罰回避と従順志向，他律的な道徳性	
・仲の良い友香に嫌われるから。 ・約束は守らないといけないから。	・母親が言うから正しいかもしれない。 ・大人が言うことに従っておくほうがよい。
段階2　個人主義・道具的な道徳性	
・友香が望んでいることだから。 ・友達に喜んでもらいたいし，友香のためになることで，良いことだから。 ・知らない人や不特定多数の人に送信するのではないから，心配することはない。	・もし，友香が傷つくと，友だちでなくなると嫌だから。友香のためにならない。 ・いくら良いことでも，友香がそこまでは頼んでいないと思うかもしれない。 ・親切でなく，おせっかいになるとダメだから。
段階3　良い子志向，対人的規範の道徳性	
・友香とは親友だから，友香のためだとわかってくれるし，幸子のことを信頼している。 ・自分が逆の立場なら，嫌な気持ちにはならないし，友香も私を信用していて，喜んでくれると思うから。	・約束も大切だけれど，本当に友香のことを考えると，母親が言うように勝手に個人情報を伝えることになる。友香との約束を守れなかったことを謝る。 ・友だちであるから，なおさら友香の気持ちを考えて，確認したほうがよいから。

❷ 展開（２時間扱い及び1.5時間扱いの授業展開）

●第１次の授業（1.5時間扱いの場合は，朝自習や宿題で教材を読み，１回目の判断・理由づけを行う。）

配時	学習活動と主な発問	指導上の留意点
展開 40分	主人公のおかれた状況を読み取り，道徳的ジレンマに直面する。	・場面絵を提示しながら教材の立ち止まり読みを行う。
	読み取りの誤りを修正したり，道徳的価値の生起する状況を共通理解することにより，主人公に役割取得し，道徳的葛藤を共通理解する。 ○通信アプリって聞いたことはありますか。 ○幸子と友香の関係はどうかな。 ○なぜ幸子は，通信アプリで伝えようとしたのかな。 ○幸子が携帯電話を使う時の決まりはどうだったの。 ○母親は，なぜ通信アプリで伝えることに納得できないのかな？	・携帯電話の所持率や使用について，わかる範囲で把握しておきたい。 ・教材の前段を読んで，生活経験とつなげながら状況把握を行う。 ・通信アプリや２人の関係性，母親の心配していることについて確認する。 ・教材の最後までを読んで，状況把握を行う。 ・母親に言われて幸子自身も不安になってきたこと，迷っていることを確認する。
終末 5分	道徳的葛藤の場面で主人公はどうすべきかを判断し，その理由づけをする。 ◎幸子は，どうすべきだろう。（H）	・１回目の「判断・理由づけカード」への記入を行う。

●第２次の授業の準備

○１回目の判断・理由づけカードの内容を整理し，第２次で用いる書き込みカードを作成する。
○書き込みカードの「理由」部分を拡大したものを黒板掲示用に作成する。
○１回目の判断・理由づけから，論点になりそうな部分を予想し，発問を準備する。

●第２次の授業

配時	学習活動と主な発問	指導上の留意点
導入 前半 5分	状況把握の再確認と道徳的葛藤の明確化を行う。 ○幸子は，何を迷っているのですか。 ○なぜ迷っているのですか。	・携帯電話ルールの重要性，ネットの怖さと，友香に頼まれたことを確認する。
導入 後半 7分	学級全員の理由づけを分類した「書き込みカード」に自分の意見を書き込むことにより，自分とは違う他者の考えに気づく。 ○賛成・反対（○×）意見をカードに書こう。	・「書き込みカード」に自分の意見を書き込むことで討論への準備を行う。 ・発言が苦手な児童の意見表明の場とする。
展開 前半 13分	いろいろな理由づけに対して相互に意見を述べ合い，論点を明らかにしていく。○賛成，×反対意見を自由に言おう。 ○なぜ，友香のためになると思っているのですか。 ○なぜ母親はそんなに心配しているのですか？	・書き込みカードの「理由」の部分を拡大して黒板に掲示する。 ・意見が散らばらないように，同じ部分についての意見を発表させる等，進め方を工夫する。 ・教師は対立点がわかるように児童の意見を板書する。
展開 後半 15分	論点を絞り，さらに意見を出し合う中で，自分の考えを確かなものにしていく。 ・携帯を持っていない友香は，幸子に何を期待しているのだろうか。そんな友香のことを考えるとどうだろうか。（N） ① 送信すべきという人に聞くよ。 「確かに頼まれたけど，事前に伝えておかないと友香は友だちができないのだろうか。友香の今後のことも	・役割取得を促す発問（Y），結果を類推する発問（K），認知的不均衡を促す発問（N）でディスカッションを方向づけ，児童の思考を深める。 ・左記の発問通りに用いるのではなく，ディスカッションの流れに応じて適宜用いる。 ・他にも次のような発問が考えられる。 ・本人に頼まれていて，送る相手も夏美やその

第２章　新モラルジレンマ教材と授業展開　147

	考えるとどうだろう。」（Y） ② 送信すべきでないと言う人に聞くよ。 「ルールを守り，友香のためにもなるのなら，本当にダメなの？ 2人の友だち関係に影響ないかな。」（N）	友だちだけでもダメなのかな。（N） ・もしこのまま送信しなければ，月曜日に学校で知った友香はどんな気持ちになるだろう。（Y）
終末 5分	道徳的葛藤の場面で主人公はどうすべきかを再度判断し，自分の最も納得する理由づけを行う。 ◎幸子は，どうすべきだろう。（H）	・2回目の「判断・理由づけカード」への記入を行う。 ・板書を眺め，納得できる意見を取り入れるよう指示する。

❸ 授業を行う上での留意点

「友だちの思いについて考える」というねらいのもとに，まず，自己の考えを明確化する「書き込みカード」に意見や質問を記入させる。このカードは，1回目の判断・理由づけにおける記述内容を基に作成しておく。第2次に実施するモラルディスカッションでは，まず，友情・信頼，節度節制，規則尊重，親切・思いやりの観点から，「送信すべき」「送信すべきでない」の立場で，各々の判断や理由づけについて質問や意見を発表する。

後半では，以下のような発問で，論点を絞って討論を行うことが考えられる。ただし，児童相互の質問等で多くの児童のこだわりや本時のねらう内容項目に照らし合わせて，子どもの思考が分断されてしまわないように配慮したい。特に，教師のほうで考えておきたい発問例として，「携帯を持っていない友香は，幸子に何を期待しているのだろうか。そんな友香のことを考えるとどうだろうか。」などである。また，状況によっては，それぞれの立場を選択した児童に対して別々の発問を投げかけることも有効である。例えば，「確かに頼まれたけど，事前に伝えておかないと友香は友だちができないのだろうか。友香の今後のことも考えるとどうだろう。」や「ルールを守り，友香のためにもなるのなら，本当にダメなの？ 2人の友だち関係に影響ないかな。」を指導過程にも示した。

その後，最終的な判断・理由づけを行う。なお，この授業は立場を明確にして討論するが，自分とは異なる立場の意見もしっかりと聞き入れる共感的な態度で望むことが重要である。

また，時間があれば子どもたちの実態を把握することから，簡単なアンケートも考えられる。また，学校で実施している生活アンケートの一部に入れておくことも考えられる。

○事前のアンケート	
自分の生活をふりかえってみて，あてはまる数字を □の中に書きましょう。 3：とても当てはまる　2：まあまあ当てはまる　1：少し当てはまる　0：当てはまらない	
① SNS（ソーシャル・ネットワーキング・サービス）ということばの意味を知っている。	□
② パソコンやスマートフォン，携帯電話，電子マネーを利用していて，こわい思いやドキッとしたことがある。	□
③ 友だちとスマートフォンや携帯電話でメールを送り合ったことがある。	□

友香のために

年　　組　　番

名前

(1) 書き込みカード

送信すべき			送信すべきでない		
理　由	○×	質問や意見	理　由	○×	質問や意見
1．友だちに喜んでもらいたいし，友香のためになる，良いことだから。			1．もし，友香が傷つくと，友だちでなくなると嫌だから。		
2．知らない人や不特定多数の人に送信するのではないから，大丈夫。			2．友香がそこまでは望んでいないかもしれない。		
3．友だちなら，わかってくれるし，そんなことで怒らない。			3．約束よりも，個人情報のことが大切なことだから		
4．逆の立場でも，嫌な気持ちにはならない。友香も私を信用して喜んでくれると思う。			4．友だちであるから，なおさら友香の気持ちを考え，確認するほうがよいから。		

(2) 判断・理由づけカード

送信すべき	送信すべきでない
そう考えた理由は？	

....
....
....
....
....
....
....

第2章　新モラルジレンマ教材と授業展開　｜　149

【執筆者紹介】（執筆順）

荒木　紀幸	兵庫教育大学名誉教授	はじめに，第1章
堀田　泰永	石川県宝達志水町立相見小学校長	小1-2年①，③，小3-4年①，③，小5-6年③
榊原　博美	愛知学院大学総合政策学部准教授	小1-2年②，⑥
藤澤　　文	鎌倉女子大学講師	小1-2年④
府川　汐莉	鎌倉女子大学	小1-2年④
岡田　達也	岡山県笠岡市立北川小学校長	小1-2年⑤，小5-6年⑦
楜澤　　実	北海道帯広市立稲田小学校長	小1-2年⑦，小5-6年①
植田　和也	香川大学准教授	小3-4年②，小5-6年⑧
上田　仁紀	滋賀県教育委員会事務局幼小中教育課主幹	小3-4年④
寺井　朋子	武庫川女子大学講師	小3-4年⑤
村上　正樹	愛媛県今治市立鴨部小学校	小3-4年⑥
畑　　耕二	岡山県岡山市立古都小学校	小3-4年⑦
峯　　明秀	大阪教育大学教授，附属平野小校長	小5-6年②
森川　智之	愛知県小牧市立光ヶ丘中学校長	小5-6年④
金野　誠志	鳴門教育大学准教授	小5-6年⑤，⑥
清水　顕人	香川大学附属坂出小学校	小5-6年⑧
大島　貴子	新潟県十日町市立ふれあいの丘支援学校	おかあさんとすてねこ（作者）

【編著者紹介】

荒木　紀幸（あらき　のりゆき）
大阪府に生まれる
1968年　同志社大学大学院博士課程心理学専攻中退
現　在　日本道徳性発達実践学会理事長，
　　　　兵庫教育大学名誉教授　博士（心理学）
連絡先　〒673-1431
　　　　兵庫県加東市社1386-11

〈主訳著書〉
『道徳教育はこうすればおもしろい―コールバーグ理論とその実践』（編著）北大路書房　1988年，『ジレンマ資料による道徳授業改革―コールバーグ理論からの提案』（単著）明治図書　1990年，『続道徳教育はこうすればおもしろい―コールバーグ理論の発展とモラルジレンマ授業』（編著）北大路書房　1997年，『親から子へ幸せの贈りもの―自尊感情を伸ばす5つの原則』（監訳）玉川大学出版部　1999年，『モラルジレンマによる討論の授業　小学校編・中学校編』（編著）明治図書　2002年，『道徳性を発達させる授業のコツ―ピアジェとコールバーグの到達点』（監訳）北大路書房　2004年，『不安やストレスを下げ，自尊感情を高める心理学―学校生活を充実させるために』（単著）あいり出版　2011年，『モラルジレンマ教材でする白熱討論の授業＝小学校編（2012年）／中学校・高等学校編（2013年）』（監修者）明治図書，『わたしたちの道徳』教材別ワークシート集，小学校1／2・3／4・5／6年，中学校（共編著）2015年，明治図書

考える道徳を創る
小学校　新モラルジレンマ教材と授業展開

| 2017年2月初版第1刷刊 | Ⓒ編著者　荒　木　紀　幸 |
| 2022年3月初版第5刷刊 | 発行者　藤　原　光　政 |

　　　　　　　発行所　明治図書出版株式会社
　　　　　　　　　　　http://www.meijitosho.co.jp
　　　　　　　　　（企画）茅野　現　（校正）㈱東図企画
　　　　　　　〒114-0023　東京都北区滝野川7-46-1
　　　　　　　振替00160-5-151318　電話03(5907)6701
　　　　　　　　　　ご注文窓口　電話03(5907)6668

＊検印省略　　　　　組版所　株式会社カシヨ

本書の無断コピーは，著作権・出版権にふれます。ご注意ください。

Printed in Japan　　　　　　　ISBN978-4-18-245010-5
もれなくクーポンがもらえる！読者アンケートはこちらから →

個性あるワークシートで道徳科の授業を始めよう!

すぐできる"とびっきり"の道徳授業2

ワークシートでできる「道徳科」授業プラン

諸富祥彦・他 編著

- ●B5判
- ●小学校
  128頁／本体2,200円＋税
  図書番号2447
- ●中学校
  112頁／本体2,160円＋税
  図書番号2448

教科化で「考え、議論する道徳」への転換が求められていますが、具体的にはどんな授業を行っていけばよいのでしょうか。本書では、明日の授業ですぐにできるとびっきりの授業プランをワークシートつきで紹介。

新学習指導要領のねらいを具体化するパーフェクトガイド

平成28年版

新学習指導要領の展開 特別の教科　道徳編

小学校　永田繁雄 編著
中学校　柴原弘志 編著

- ●A5判
- ●208頁
- ●本体1,900円＋税
- ●小学校：図書番号2711
- ●中学校：図書番号2731

新学習指導要領の内容に沿いながら、教科書や評価といった道徳改訂のキーポイントについて詳しく解説。また、内容項目ごとの指導ポイントや問題解決的な学習を生かした新たな授業プランも掲載。

明治図書　携帯・スマートフォンからは **明治図書ONLINEへ**　書籍の検索、注文ができます。▶▶▶

http://www.meijitosho.co.jp　＊併記4桁の図書番号（英数字）でHP、携帯での検索・注文が簡単に行えます。

〒114-0023　東京都北区滝野川7-46-1　ご注文窓口　TEL 03-5907-6668　FAX 050-3156-2790

＊価格は全て本体価格表示です。